Xamanismo para Iniciantes

Caminhando com os Curadores Mundiais da Terra e do Céu

James Endredy

Xamanismo para Iniciantes

Caminhando com os Curadores Mundiais da Terra e do Céu

Tradução:
Soraya Borges de Freitas

MADRAS®

Publicado originalmente em inglês sob o título *Shamanism for Beginners: Walking with the Word's Healers of Earth and Sky*, por Llewellyn Publications Woodbury, MN 55125, USA, www.llewellyn.com.

Editor:
Wagner Veneziani Costa (*in memoriam*)

Produção e Capa:
Equipe Técnica Madras

Tadução:
Soraya Borges de Freitas

Revisão da Tradução:
Jefferson Rosado

Revisão:
Ana Paula Luccisano
Arlete Genari

Dados Internacionais de Catalogação na Publicação (CIP)
(Câmara Brasileira do Livro, SP, Brasil)

Endredy, James
Xamanismo para iniciantes : caminhando com os curadores mundiais da terra e do céu / James Endredy ; tradução Soraya Borges de Freitas. --
São Paulo : Madras Editora, 2024. Título original: Shamanism for beginners : walking with the word's healers of earth and sky.

ISBN 978-65-5620-088-0
1. Espiritualidade 2. Xamanismo 3. Ocultismo I. Título
24-213199 CDD-291.144

Índices para catálogo sistemático:
1. Xamanismo : Religião 291.144
Aline Graziele Benitez - Bibliotecária - CRB-1/3129

MADRAS EDITORA LTDA.
Rua Paulo Gonçalves, 88 — Santana
CEP: 02403-020 — São Paulo/SP
Tel.: (11) 2281-5555 - (11) 98128-7754
www.madras.com.br

Índice

Introdução

Marina, uma jovem indígena do povo huichol, estava em seu terceiro trimestre de gravidez quando ficou decidido que toda a sua família imediata (mais de 20 pessoas) faria a peregrinação sagrada ao deserto de peiotes de Wirrikuta, em uma viagem de ida e volta de aproximadamente 12 dias, partindo de sua casa na Sierra Madre Ocidental do México. Mesmo no final da gravidez, ela estava irredutível em fazer a árdua expedição, que incluía viajar a céu aberto em carretas e caminhar grandes distâncias no deserto de alta altitude.

Encontrei os peregrinos, cerca de duas semanas depois, em uma cidadezinha perto do deserto sagrado do cacto peiote, em San Luís Potosí. De lá, viajamos em estradas acidentadas de terra, fazendo paradas frequentes em fontes e outros locais sagrados para deixarmos oferendas e rezarmos. Um dia depois, deixamos os veículos e entramos no deserto ao amanhecer, depois que os cânticos dos xamãs preencheram o ar, e a fogueira acesa pelos xamãs rompeu a noite e se uniu à luz do sol nascente.

Uma longa caminhada ao ar livre nos levou aos campos de peiote e, depois de muita cerimônia, começamos a busca pelo cacto sagrado. Fiz peregrinações para buscar o peiote algumas vezes, antes de saber o que fazer e o que esperar. O que eu não esperava era a mãe e a tia de Marina correndo a toda velocidade até mim e o pai da menina, gritando a plenos pulmões: "O bebê esta nascendo!"

Contudo, houve complicações graves. Sua mãe não agiria daquela forma se fosse um parto comum, pois havia muitas mulheres experientes por lá, e todas as mulheres huichóis têm algum nível de experiência no processo do parto. Quando cheguei ao lado de Marina, tenho de admitir que estava quase enjoado. Ela estava sentada no chão, encostada em uma grande rocha; tinha dado à luz, e entre suas pernas havia tanto sangue, que tive de afastar o olhar.

O líder xamã do nosso grupo chegou momentos depois, e logo começou a entoar preces e soprar o corpo de Marina para alimentá-la de energia. Com muitos dias de jejum e caminhando no deserto, junto à enorme perda de sangue, eu sabia que Marina estava em uma situação de vida ou morte. O bebê foi mantido distante da cena por uma das primas de Marina e parecia bem, nem chorava. Mas Marina tinha uma hemorragia, e o sangue continuava a jorrar do seu útero.

A essa altura, todo o grupo de peregrinos tinha se reunido em volta de Marina e, como eu não tinha absolutamente nenhuma utilidade na situação, afastei-me. O xamã e as anciãs do grupo trocaram ideias, e chegaram a um acordo sobre quais ervas especiais deveriam ser administradas à jovem e a melhor forma de parar o sangramento. Mas, até o cair da noite, eles ainda trabalhavam nela, e resolveram movê-la até uma curta distância, na qual o xamã encontrou a "mãe peiote" e onde a cerimônia do peiote aconteceria por toda a noite.

Nós carregamos Marina, enrolada em cobertores, para o local, e a fogueira sagrada (*Tatewari*) foi acesa. O xamã conversou com Tatewari, e ficou decidido que Marina poderia passar a noite no deserto com a fogueira e a mãe peiote e, na manhã seguinte, seria levada do deserto para a clínica médica mais próxima, a muitos quilômetros de distância. Marina estava tão fraca que mal conseguia falar, e me disseram que havia um grande medo de ela morrer, se o xamã não conseguisse manter a alma dela conectada à fogueira e à mãe peiote.

O xamã e seus assistentes continuaram com os rituais apropriados da peregrinação, abençoaram e distribuíram, de mão em mão, muitos botões de peiote limpos para todos comerem, e entoaram a recriação do mundo por toda a noite. Durante a noite, Marina também recebeu o sacramento do cacto peiote, mas, como estava fraca demais para mastigar o cacto, ela o ingeriu na forma de uma infusão feita pelas anciãs, que deram para ela com todo o cuidado em golinhos.

No meio da noite, Marina conseguiu se sentar e segurar seu bebê. Enquanto eu a observava do outro lado da fogueira, pensava em como o dom da vida é mesmo um milagre. Depois, descobri que foi nessa noite que Marina, segurando a filha recém-nascida em seus braços na frente da fogueira – sua filha, nascida no lugar mais sagrado para seu povo, e ela, mesma enfraquecida, a ponto de quase morrer, enquanto quatro gerações de toda sua família entoavam preces com os xamãs –, sentiu seu chamado para tornar-se xamã.

Ela viu subir da fogueira duas penas de águia, que é o símbolo do xamã para o povo huichol. No entanto, Marina não atendeu ao chamado. Em conversas posteriores, ela se recusou a falar mais sobre o assunto. Na manhã seguinte, foi levada a uma clínica, enquanto o resto do grupo continuou a colheita para levar cacto peiote para sua comunidade para o ciclo anual de cerimônias. Marina foi diagnosticada na clínica com placenta acreta, a qual, durante o nascimento, não se desprende da parede uterina e pode causar uma grave hemorragia e até a morte. Ela passou por uma pequena cirurgia, e tanto ela como a bebê voltaram para casa sãs e salvas.

Infelizmente, esse não foi o final feliz para a história de Marina. Nunca mais a vi novamente, mas soube que, alguns meses depois da peregrinação, ela caiu em depressão profunda. O curador xamã "viu" que ela recebeu o chamado do Tatewari para tornar-se xamã, mas ela não respondeu e, por isso, estava sendo punida pelos espíritos. A última notícia que tive foi de que ela deixou seu povo e estaria vivendo nos arredores da Cidade do México. Desistiu das práticas espirituais e do estilo de vida de sua tribo e se converteu ao Cristianismo, que é de longe a religião dominante do México.

Para mim, a história de Marina repetiu-se alguns anos depois, enquanto eu estava em outra peregrinação ao deserto de peiotes com um grupo de huichóis do centro cerimonial de Santa Catarina. Nessa peregrinação, também havia uma jovem no final da gravidez, Luna (*Metseri,* em huichol). Ela era a esposa de um dos meus melhores amigos no povo huichol. Para mim, Luna era uma típica mulher huichol, tímida com estranhos, mas vaidosa, que trabalhava duro, tinha o riso fácil, mas era ao mesmo tempo séria, contemplativa, complicada – alguém que seus entes queridos sabiam que sempre os apoiaria.

Enquanto estava no deserto sagrado dos peiotes, Luna também teve seu bebê, mas sem quaisquer complicações. Fiquei maravilhado porque, depois do parto, ela até participou da maioria do resto das atividades da peregrinação, carregando sua filha recém-nascida em um tecido lindamente bordado que ia do seu pescoço ao seu peito. A colheita do cacto peiote correu bem, mesmo com os fortes ventos e a areia soprando. Naquela noite, depois de comerem muitos botões de cactos, depois de eles serem abençoados pelos xamãs, o grupo se reuniu em volta do fogo, e os xamãs entoaram o cântico sobre a recriação do mundo a noite toda.

A coisa mais incrível é que, assim como Marina, Luna viu as duas penas sagradas de águia subirem do fogo e, na noite do nascimento de sua primeira filha, ela também recebeu o chamado para tornar-se uma xamã cantora (*marakame*) no lugar mais sagrado do povo huichol. Não apenas não é típico bebês nascerem naquele deserto, como também não é típico na tradição huichol que mães recentes, ou até mulheres em geral, recebam o chamado da fogueira para se tornarem uma *marakame*, pois quase todos os *marakames* huichóis são homens.[1]

Esse dia especial mudou a vida de Luna para sempre. Quando viu as duas penas de águia subindo do fogo, ela as agarrou e aceitou seu chamado na vida. Seu *status* na família e na comunidade normalmente não a convidaria a entoar cânticos junto e em resposta aos xamãs, simplesmente porque ela não tinha a experiência para fazer isso, como muitos também não tinham. Mas, depois de receber o dom das duas penas de águia do fogo, Luna, de uma forma perfeita e maravilhosa, começou a entoar respostas aos cânticos xamânicos junto aos outros xamãs, enquanto eles os entoavam. Fiquei completamente hipnotizado por isso, pois Luna foi a primeira xamã huichol feminina que ouvi cantar ao redor da fogueira. Foi um presente que nunca esquecerei. Em seu profundo estado de transe com o fogo sagrado e o peiote, ela cantou as respostas aos xamãs com tamanha clareza e força, que você jamais imaginaria que fosse sua primeira vez.

1. Eu utilizei pronomes masculinos na maior parte deste livro para facilitar a leitura e porque a maioria dos meus professores xamãs foram homens. No entanto, em muitos casos, os pronomes femininos também poderiam ser usados.

No dia seguinte, todos sabiam que Luna se tornaria uma poderosa cantora xamânica. Ela foi instruída por seu avô (que é um *kawitero,* membro de um pequeno grupo de líderes anciãos que retêm a maior parte do conhecimento de suas tradições antigas) a fazer um total de cinco peregrinações ao deserto de peiotes sagrados nos cinco anos seguintes e para outros muitos locais sagrados dos huichóis durante o mesmo período, especialmente aos pontos aquáticos femininos, como lugares específicos, as ilhas do Oceano Pacífico, além de lagos e fontes sagradas por todo o México.

Durante suas peregrinações nos cinco anos seguintes, Luna vivenciou o florescimento da sua filha, que raramente saía do seu lado. Esse florescimento foi acompanhado por um intricado aprendizado de plantas medicinais entregues a ela por várias mulheres xamãs dos huichóis e de outras tribos indígenas que ela encontrava durante suas viagens. Durante algumas peregrinações, ela aprendeu com outros xamãs da sua família a fazer as ferramentas de um xamã, como a *muvieri* (uma vara de cura com duas penas de águia), o tambor, os cristais e, é claro, a ter uma conexão mais profunda com o fogo sagrado.

Em algum momento, uns dez anos depois, os *kawiteros* sonharam que ela deveria ser uma das principais guardiãs da tradição, uma posição mantida por cinco anos. Luna deveria representar a chuva em todas as cerimônias e peregrinações por cinco anos, e ser uma das três principais cantoras xamãs da comunidade. Era uma honra e uma responsabilidade enormes, especialmente para uma mulher tão jovem. Normalmente, os guardiões da tradição para os ciclos de cinco anos (uns 20 homens e mulheres) eram xamãs grisalhos que passaram a vida toda em serviço, conduzindo cerimônias para o povo e fazendo peregrinações a locais sagrados.

Eu só consegui ouvir Luna cantar a chuva uma vez durante esse período de cinco anos, visto que havia muita coisa acontecendo na minha vida e ela viajava bastante. Depois de seu compromisso de cinco anos com a comunidade, ela foi viver em outra comunidade com seu marido e, desde então, tornou-se uma famosa curadora xamã dos huichóis.

As histórias de Luna e Marina têm muitos, mas certamente nem todos os elementos básicos encontrados no xamanismo em várias culturas e por todo o globo. Xamãs, sejam homens ou mulheres (ver o capítulo 3), são sempre "escolhidos" de uma forma ou de outra, por causa de seus talentos específicos, que são hereditários, aprendidos ou conquistados de maneira espontânea, dependendo da cultura e das circunstâncias, e os xamãs sempre passam por um período de iniciação (ver o capítulo 4). Eles conquistam o poder e o conhecimento para entrar em estados alterados de consciência durante suas iniciações com xamãs anciãos, com a natureza e com os espíritos (ver o capítulo 5). Os espíritos com os quais os xamãs trabalham podem ser guias e assistentes, às vezes companheiros ou até amantes, e em outros momentos podem ser antagonistas e prejudiciais aos xamãs (ver o capítulo 6). Em vários casos, os xamãs são peritos em trabalhar com as plantas nativas de onde vivem e com os espíritos das "plantas especiais" poderosas, ou plantas dos deuses, que são frequentemente empregadas em seus rituais para curar pessoas ou a si mesmos (ver o capítulo 7). Um dos aspectos mais interessantes do xamanismo é a variedade de ferramentas que os xamãs usam durante seus rituais e cerimônias (ver o capítulo 8) para auxiliar na viagem de sua consciência para os domínios do desconhecido, e a percepção dos grandes mistérios da vida e da morte (ver o capítulo 9).

Algumas das suposições básicas dos xamãs não são necessariamente fáceis de compreender, nem mesmo os próprios xamãs as compreendem! O melhor que podemos fazer é entrar no mundo do xamã com uma mente aberta. Embora muitas pessoas modernas façam isso agora para entender melhor esse assunto fascinante, foram necessários séculos de intolerância, observação, investigação e, finalmente, apreciação para o "homem branco" chegar a esse ponto.

Quando os europeus – principalmente franceses, espanhóis, portugueses e italianos – começaram a explorar vastamente as Américas, no século XVI, eles encontraram de repente um novo mundo de realidade e percepção. Em suas viagens, depararam-se com certas pessoas especiais nas comunidades tribais que afirmavam ter a habilidade de conversar com espíritos, plantas e animais, e usar essas aptidões para curar ou fazer mal, adivinhar o futuro, controlar o clima e prever onde os animais poderiam ser encontrados durante a caça, entre muitos outros poderes aparentemente sobrenaturais.

A esmagadora maioria desses exploradores e conquistadores europeus era de cristãos evangélicos, e eles não aceitaram de bom grado essas pessoas com "talentos especiais", assim como não aceitaram os "feiticeiros" e "bruxas" que foram mortos às dezenas de milhares na Europa durante o mesmo período. Muitos dos primeiros exploradores europeus compararam as práticas espirituais dos povos que eles encontraram nas Américas com o culto ao demônio e ao mal, de modo que, quando os encontraram, mataram dezenas de milhares nas Américas Central e do Sul.

Naquela época, as pessoas "sofisticadas" da Europa acreditavam que qualquer um que entrasse em contato com espíritos de qualquer tipo fosse mau, irremediável e, portanto, sujeito à sanção penal e precisava necessariamente de extermínio. A mentalidade foi levada às Américas no rastro do derramamento de sangue do século anterior, como no exemplo perfeito da heroína francesa Joana d'Arc, que mais tarde seria declarada santa católica, a qual foi queimada na fogueira em 1431 por sua alegação de receber orientação divina.

A intolerância dos europeus cristãos para com os nativos "descobertos" nas Américas continuou por muitos séculos, e preconceitos em relação aos povos indígenas ainda podem ser sentidos e vistos até hoje em vários países ao redor do planeta. Durante o século XVII, a cultura a que agora nos referimos como russa começou a se espalhar pela vasta região da Ásia Setentrional, conhecida atualmente como Sibéria. Foi nessa época que muitos acadêmicos acreditam que a palavra *xamã* fora usada pela primeira vez em um texto publicado. Isso ocorreu por meio de um clérigo russo, Avvakum Petrovich, que descreveu as atividades de um xamã Tungus como uma "vila de um mago" em seus escritos, depois de ser deportado pelo czar russo para a Sibéria em 1661.

A colonização generalizada de europeus cristãos por todo o globo ocasionou relatos diversos e, na maior parte, depreciadores de xamãs, caracterizados como trapaceiros malignos, alinhados com demônios e com o diabo. O século XVIII e a Era do Iluminismo, em que a razão foi defendida como fonte primária e base de autoridade, também tinham pouca tolerância pelos xamãs. Desenvolvendo-se na Alemanha, na França e na Grã-Bretanha, o "Iluminismo" espalhou-se pela maior parte da Europa, incluindo a Rússia. Mais tarde, a Declaração Americana da Independência, a Declaração de Direitos dos Cidadãos dos Estados Unidos e a Declaração Francesa dos Direitos do Homem e do Cidadão foram escritas e ratificadas pelos princípios filosóficos da Era da Razão. O que isso fez para os xamãs e outros terapeutas místicos foi profundo. Como a razão ditava que o que os xamãs faziam não era possível, eles agora eram apenas vistos como fraudes aos olhos dos pensadores científicos sensatos. Por serem apenas fraudes, então, não poderiam estar em contato com demônios ou o diabo e, portanto, o extermínio violento dessas pessoas "degeneradas" não era mais necessário ou justificado.

Por mais que os promissores cientistas e filósofos do século XVIII estivessem impregnados de racionalismo, esse período de conhecimento também produziu, paradoxalmente, um fascínio, em alguns círculos europeus, pelos xamãs, e muitas exposições de pesquisa foram patrocinadas para examinar esse fenômeno "oculto". Uma compreensão genuína só viria muito depois, mas se plantou a semente na consciência de que talvez houvesse mais do que a ciência racional para explicar o mundo. A historiadora moderna Gloria Flaherty sugere até que a magia e o encantamento de Goethe (1749-1832), considerado por muitos um dos escritores e pensadores mais influentes da Europa, cujas filosofias se mesclaram com música, teatro, arte e poesia, e que estava profundamente interessado no ocultismo; e de Mozart (1756-1791), um dos compositores clássicos mais longevos de todos os tempos, cuja genialidade incomum foi descrita muitas vezes como "de outro mundo", surgiram em parte pelo fascínio dos dois pelos xamãs.

Esse fascínio continuaria no século seguinte, com o surgimento do campo humanista da antropologia social, depois das grandes mudanças sociais, com o crescimento das cidades e da indústria, encontros incessantes com povos não europeus, cujos costumes, aparência, idiomas, crenças religiosas e organização social diferiam muito daqueles dos europeus, aumentando a curiosidade a respeito da história biológica da humanidade, sobre os relacionamentos históricos entre as populações existentes, além da ideia relativamente nova de que os seres humanos poderiam estar relacionados a outros primatas. Os trabalhos dos primeiros antropólogos dessa era indicam claramente que eles se sentiam superiores aos povos não europeus "primitivos" que estudavam, mas, com o amadurecimento do campo da Antropologia, essa visão não durou muito. Entre o fim do século XIX e início do XX, o trabalho de campo rigoroso, uma observação participante de longo prazo e até a participação de antropólogos nas comunidades xamânicas forneceram um quadro muito mais claro do xamã e de seu papel na comunidade.

A Linguística também desempenhou um grande papel. Os antropólogos que aprenderam o idioma das tribos xamânicas estudadas poderiam registrar com mais precisão a informação factual. O famoso antropólogo dinamarquês Knud Rasmussen, por exemplo, cuja mãe era inuíte, era fluente no idioma desse povo. Seus estudos são muito citados na literatura xamânica, por causa de sua precisão e por fazer de tudo para registrar, palavra por palavra, o diálogo que ele teve com os xamãs inuítes que estudou.

Até a metade do século XX, havia tanto conhecimento e estudos diversos sobre os xamãs ao redor do planeta, que surgiram os princípios de uma visão intercultural do xamanismo. Antropólogos e historiadores comprovaram as similaridades nas práticas dos xamãs ao redor do mundo, que logo foram seguidas pela participação documentada de pesquisadores e observadores nos rituais xamânicos com enteógenos vegetais (alucinógenos). Vale a pena notar que a síntese do alucinógeno mescalina, pelo químico austro-húngaro Ernst Späth, e da dietilamida do ácido lisérgico (LSD), pelo químico suíço Albert Hofmann, aconteceu durante esse mesmo período geral.

Durante a psicodélica década de 1960, muitas pessoas experimentavam essas drogas novas, que expandem a mente, entre muitos outros alucinógenos orgânicos empregados por xamãs indígenas, e o interesse na correlação entre experiências psicodélicas e xamanismo tornou-se um tópico da moda. As experiências fantásticas descritas nos livros de Carlos Castaneda sobre seu aprendizado com um suposto feiticeiro/xamã indígena iaque venderam milhões de cópias, e estimularam muitos a buscarem xamãs no México para experimentar o cacto peiote e a planta datura, descritos no primeiro trabalho de Castaneda. Acima de tudo, as histórias de Castaneda ajudaram a criar uma nova espécie de pesquisador xamânico: pessoas comuns que buscavam sentido para suas vidas fora das religiões tradicionais.

Embora já estivesse envolvido no estudo não antropológico e na prática de técnicas que poderiam ser mais amplamente caracterizadas como xamânicas, eu mesmo fui um pouco inspirado pelas histórias de Castaneda, ainda que, mais tarde, nós tenhamos descoberto que muitas eram baseadas na verdade, mas eram essencialmente fictícias. Durante a década de 1970, o interesse pelo xamanismo floresceu e, enquanto as pessoas modernas, na forma de antropólogos e indivíduos em busca do espiritual, continuavam suas investigações, nós vimos um aumento radical na quantidade de artigos e livros disponíveis sobre o assunto durante as décadas seguintes.

Em 1980, o antropólogo Michael Harner, que já tinha escrito antes sobre alucinógenos e xamanismo, lançou um livro intitulado *The Way of the Shaman*, no qual ele descreve o que denomina "xamanismo essencial" e práticas xamânicas sem alucinógenos, abertas a quem quiser aprendê-las. O xamanismo essencial de Harner, baseado em imaginação guiada e em técnicas de batidas ritmadas no tambor, embora bastante criticado em muitos círculos, foi outra grande evolução do retrato do xamanismo na mente ocidental; costuma receber o crédito como uma das forças centrais por trás do atual neoxamanismo e do reflorescimento do interesse no xamanismo do movimento da Nova Era.

O que temos atualmente é uma situação bem complexa, quando se discute o tópico do xamanismo. Por um lado, o interesse autêntico de pessoas em busca de práticas espirituais alternativas e técnicas de cura inspirou a exploração de xamãs indígenas por lucro e a criação de xamãs autodesignados, que, na verdade, são comerciantes habilidosos e não têm nada de xamãs. Existem, então, os xamãs indígenas autênticos, que mantêm suas tradições tribais vivas até hoje, e há também um reflorescimento das tradições xamânicas tribais entre as comunidades indígenas que perderam grande parte, ou até todas, das suas tradições por intolerância e anulação pelos governantes de seus respectivos países.

Nós também temos agora pessoas modernas, como eu, treinadas por autênticos xamãs tribais. Uma grande porcentagem dessas pessoas está legitimamente tentando provocar uma mudança positiva no planeta, elevando a consciência da sociedade moderna para a interconexão de toda a vida e a cura que ocorre com o ganho dessa perspectiva. E, por fim, mas não menos importante, há os cientistas que estão abertos a aprender e estudar o conhecimento dos xamãs em relação a plantas e medicamentos medicinais; e psicólogos e médicos que estão investigando e empregando métodos xamânicos de cura da mente e do corpo e a medicina integrativa.

Aqui, hoje, no início do século XXI, a própria natureza da realidade está sendo questionada. Estamos nos aproximando de um novo paradigma da consciência humana, enquanto a comunidade humana atinge 7 bilhões, e os recursos do nosso planeta continuam a diminuir. Enquanto mais e mais pessoas buscam por estratégias alternativas para curar o relacionamento da humanidade com o planeta e uns com os outros, pode ser que as técnicas holísticas do xamanismo desempenhem um papel importante. Isso é verdade, principalmente naquelas partes do mundo onde as mulheres não são mais anuladas, e governos e religiões patriarcais estão sendo desafiados. Minha experiência nas duas últimas décadas tem sido conduzir e participar de cerimônias xamânicas na América do Norte e na Europa, nas quais a maioria dos participantes costuma ser de mulheres. Também trabalho com muitas antropólogas, cientistas e médicas. Como uma das principais doutrinas do xamanismo é a restauração e a manutenção dos sistemas equilibrados, seja a saúde de um ser humano, seja de uma comunidade, seja do mundo em geral, esse equilíbrio renovado entre o feminino e o masculino certamente parece ser um passo na direção certa.

O xamanismo, em todas as suas formas variadas nas diversas culturas, apresenta-nos um contexto no qual podemos ver todas as facetas da vida de um modo saudável e equilibrado. Os xamãs, tanto no passado como atualmente, são encarregados de manter o equilíbrio em sua comunidade, entre a comunidade humana e a natureza, e entre os mundos físico e espiritual. Essa visão equilibrada do mundo e da realidade pode ajudar as pessoas modernas a restaurarem a saúde e a felicidade para todos os seres que vivem no nosso magnífico planeta Terra.

Nota do Autor

Relâmpago no Sangue

Há vários anos, as pessoas rotularam-me de "xamã", devido em grande parte às intensas iniciações xamânicas que promovo para as pessoas, bem como às práticas xamânicas relatadas em meus livros.

Eu atendo, de fato, aos principais requisitos: responder ao "chamado" quando era jovem; passar por uma iniciação xamânica (várias vezes, aliás, pois sou bem cabeça-dura); muitos anos de instrução com xamãs praticantes, que me deram o conhecimento e a habilidade para entrar em estados de consciência alterados, a fim de contribuir no auxílio dos outros; e, por fim, o serviço – tanto local quanto globalmente –, por meio do meu trabalho local na comunidade, de meus livros internacionais e dos seminários.

Então, por que resisto ao rótulo? Espero que ao final deste livro você tenha uma boa ideia. Mas, por ora, deixe-me apenas dizer que isso se associa com respeito e humildade. Meus mentores, que são xamãs indígenas de 80 a 100 anos, que vivem bem felizes em remotas vilas nas montanhas sem estradas, eletricidade e encanamento, são *verdadeiros* xamãs. Aos 44 anos de idade, com cerca de 15 anos respondendo ao chamado e passando por iniciações e ensinamentos, e outros dez anos ou mais em serviço fervoroso, nem começaria a me comparar com meus mentores, que passaram toda sua vida – de 50 a 70 anos – em serviço para suas comunidades. Em seus olhos, percebo que eles me amam, e me consideram um colega xamã e companheiro, mas na realidade sou apenas um "minixamã". Talvez, quando eu tiver 80 anos de idade, com 50 anos de serviço nas costas, estarei pronto para aceitar o título.

Mas, no mercado do movimento da Nova Era, em que nós temos xamãs autodesignados brotando em cada esquina, um autêntico minixamã ainda é melhor do que um falso, se você quiser aprender algo sobre o xamanismo. Então é aqui (e, aliás, obrigado por ler isto – a maioria das pessoas pula toda a introdução) que o convido para a trilha selvagem, que é o caminho do xamã.

Houve algumas pessoas, especialmente acadêmicos e nativos americanos bastante hostis (aliás, vivo na região dos Quatro Cantos no sudoeste dos Estados Unidos, cercado por reservas "indígenas", e tenho muitos amigos nativos americanos, incluindo xamãs, então sei claramente por que alguns são hostis, e não os culpo nem um pouco por serem assim), que me perguntaram: "Que direito você tem para ensinar as pessoas sobre xamanismo? Nem nativo americano você é!" É uma pergunta bem justa, mas a questão em si mostra como a pessoa que a faz sabe pouco sobre xamanismo.

Na América do Norte, com algumas exceções, a arte do xamã foi extinta pelo governo dos Estados Unidos. Nossos sábios líderes juntaram (ou mataram) a maior parte das culturas "indígenas" e as colocaram em reservas distantes de suas terras ancestrais. Isso os retirou não apenas das terras que lhes deram a vida, mas também de seus estilos de vida tradicionais, e impossibilitou que eles continuassem as partes de sua tradição que poderiam ser rotuladas como xamânicas.

Para as pessoas que vivem nas poucas culturas americanas nativas xamânicas sobreviventes, e para todos os outros, eu apresentaria dois pontos ao responder à questão anterior.

Primeiro, está acontecendo uma transformação na consciência agora que determinará se, ou em quais condições, nossa espécie viverá ou não, depois do ano de 2012.* Meu último livro, *Beyond 2012: A Shaman's Call to Personal Change and the Transformation of Global Consciousness,* lida totalmente com esse assunto. Estou otimista. Um dos motivos para isso é o fato de que muitas pessoas, como eu mesmo, receberam o chamado para servir. Para aqueles que o responderam, as vocações que somos chamados a preencher são variadíssimas, como deveriam ser.

Fui chamado, há cerca de 25 anos, para ajudar o povo da "ilha da humanidade" a retornar para o "continente" da cocriação consciente

*N.E: A edição original deste livro foi em 2009

com nosso planeta.[2] Durante a resposta a esse chamado, fui apresentado a xamãs poderosos e sábios indígenas, e aprendi com eles a realizar o trabalho que recebi. Fui aceito em comunidades tribais e cerimônias xamânicas onde quase nenhuma outra pessoa branca entrou. Por quê? Porque os xamãs dessas comunidades conseguiram ver claramente qual era minha tarefa. Isso é parte do que os torna xamãs. E, levando à segunda parte da minha resposta, embora eu seja caucasiano, eles puderam perceber que eu tinha o sangue do xamã em mim – relâmpago no sangue (veja mais sobre isso a seguir).

Então, a segunda parte da resposta pode estar nos meus genes. Sou um americano da primeira geração nascida de pais que ascendem de uma linhagem ininterrupta de magiares, que vivem agora em grande parte no país conhecido como Hungria. Ambos são magiares, e os dois nasceram na Hungria. A prática xamânica dos magiares, ou *taltos*, tinha diversos elementos em comum com os povos siberianos e fino-úgricos, de onde se originou o termo *xamã.* Sem dúvida, eles têm alguma relação em algum ponto de sua história, embora haja um debate entre historiadores sobre exatamente qual seja. Muitos pensam que foi em algum momento entre o segundo e o quarto milênios a.C.

Minha ascendência magiar que consigo traçar está cheia de sacerdotes e místicos e, em razão do modo no qual minha vida se desenrolou, não tenho dúvidas de que, lá atrás, eles devem ter sido xamãs também. Então, quando confrontado por um nativo ou acadêmico hostis, apenas tento ser paciente e perceber que eles podem não ter uma visão clara ou adequadamente informada sobre o que é o xamanismo, onde se origina e como ele pode ajudar nesses momentos de crises globais.

"Relâmpago no sangue" – isso é o que torna uma pessoa xamã para os maias, uma das muitas culturas xamânicas com as quais aprendi. Com o cada vez mais crescente interesse no xamanismo e nas modalidades relacionadas, creio que todos os dias mais pessoas estejam sentindo o relâmpago em seu sangue e a ânsia de se libertar do consenso.

Este é o caminho do xamã. Ele dá um primeiro passo onde outros dão seu último.

2. Leia em meu livro *Ecoshamanism,* p. xv-xxi.

Capítulo 1

O Xamanismo Pode Ser Definido de Fato?

Imagine, por um momento, que você nasceu em uma comunidade tribal muito unida que dependia exclusivamente da terra onde vivia para tudo que tinham. Sem lojas, portanto, sem aterros sanitários. Tudo vinha da terra e a ela retornava. Em vez de depender da ciência e da tecnologia para resolver problemas, você tinha de usar seu próprio bom senso e intuição para sobreviver.

Você provavelmente ouviu desde cedo, além de ter visto o exemplo de pessoas ao seu redor, que a terra onde você vive, e que o proveu com a vida, era sagrada, e tudo estava vivo com espírito. Ao envelhecer, você começaria a reconhecer que certas pessoas na comunidade eram notadas por seus talentos ou conhecimentos especiais. Algumas eram melhores na caça, na coleta de ervas ou fazendo cestos ou roupas.

Mas, e se aparecessem problemas, como se, de repente, os homens não conseguissem encontrar nenhum animal para caçar ou se as chuvas sazonais não viessem? Então você recorreria à pessoa que detinha o conhecimento e os talentos para manter ou curar o delicado equilíbrio entre a comunidade e a terra: o xamã.

O xamã é uma pessoa treinada especificamente para vagar entre os mundos dos reinos corpóreo e espiritual. Os xamãs desenvolveram a capacidade para ver que o mundo físico natural ao seu redor – que provê sua vida, incluindo os elementos sagrados de ar, água, terra e fogo, bem como todas as plantas e animais que o sustentam – também é animado com o espírito, o qual pode ser contatado em um nível espiritual.

Você também recorreria ao xamã quando estivesse doente, porque ele conseguiria ver o desequilíbrio no seu corpo e na sua alma, e saberia como corrigi-lo.

Como o xamã saberia tudo isso? Bem, nós vamos examinar essa questão muito interessante ao longo deste livro. Por ora, vamos começar a examinar a palavra *xamanismo.*

Como podemos ver claramente na breve narrativa anterior, a situação descrita poderia ter acontecido em qualquer lugar durante os primeiros períodos da humanidade. Isso é o que faz do xamanismo uma das nossas tradições mais antigas, estendendo-se por todo o planeta. E isso torna a definição da palavra uma tarefa muito difícil. Cada xamã de cada área diferente do mundo teria de se conectar com os espíritos do seu lugar e desenvolver práticas adequadas para a terra onde vive. No entanto, ao examinarmos de perto as práticas dos xamãs em diferentes partes do mundo, também vemos muitas semelhanças impressionantes.

Então de onde vem a palavra *xamã*?

Etimologia

Um estudo da história da palavra *xamanismo* pode levar a uma análise controversa, para mim bem chata, de raízes de palavras e idiomas. Além disso, dependendo da fonte, alguns acadêmicos e certos defensores desse "ismo" específico tendem a fazer a definição da palavra atender aos seus próprios motivos. Dito isso, eis aqui uma breve sinopse da história mais reconhecida da palavra.

Muitos estudiosos de Etimologia concordam que *shaman* é uma palavra turca-tungúsica das áreas conhecidas atualmente como Sibéria (Ásia Setentrional) e Mongólia. Alguns dizem que a palavra tungúsica *saman* origina-se das palavras chinesas *sha men* (monge andarilho), derivada do sânscrito *shramana*, que, para os mongóis, era sinônimo da palavra *mago.* O idioma manchu, quase extinto, agora limitado ao nordeste da China, às vezes também recebe o crédito pela palavra.

Outra reviravolta interessante sobre a palavra vem de Geoffrey Ashe, um estudioso britânico que escreveu que os primeiros xamãs eram mulheres e, quando um grande número de povos paleolíticos se separou em tribos distintas, formaram-se dialetos diferentes. O dialeto tungúsico pegou a palavra *shaman* em sua forma masculina, que usamos hoje, mas de acordo com Ashe, a forma feminina é igualmente válida, se não mais.

> O xamã é um curador curado que restaurou os pedaços quebrados de seu corpo e alma e, por meio de um rito de transformação pessoal, integrou muitos planos da experiência vital: o corpo e o espírito, o inferior e o não inferior, o individual e a comunidade, o natural e o sobrenatural, o mítico e o histórico, o passado, o presente e o futuro.
>
> (HALIFAX, 1979, p. 18)

Parece que, em qualquer caso, a palavra provavelmente foi traduzida para o russo e depois possivelmente para o alemão, antes de passar para o inglês. E, se pegarmos a palavra em sua forma plural, muitos concordam que o plural deve ser *shamans* e não *shamen,* porque a palavra moderna não diz respeito ao gênero.

A definição precisa – um aperfeiçoamento cuidadoso do caráter vago de um termo, estipulando aspectos inclusos e não inclusos em sua definição léxica – da palavra *xamã* é (espera-se) muito mais interessante do que a etimologia. Para começar, observemos primeiro que o uso moderno da palavra *xamã* não se restringe àqueles xamãs da Ásia central e setentrional, e que ela não costuma ser usada em um contexto religioso. A palavra *xamã* agora é empregada em várias culturas, permeia e costuma estar em conjunto com muitos dos complexos religiosos mundiais. Hoje em dia, xamãs funcionam em culturas antigas tradicionais, culturas antigas que passaram por vários níveis de assimilações pelas culturas modernas e até na sociedade moderna.

Uma definição precisa incluiria, então, uma variedade enorme de atividades. Xamãs são curadores, visionários, cantores, dançarinos, adivinhos, psicólogos, causadores de chuvas, buscadores de alimento e, mais importante, intermediários entre os mundos do ser humano e do não humano, ou mais do que humano. Eles também são líderes espirituais, cuja habilidade está tanto no mundo cósmico quanto no físico, e cujo conhecimento cobre os jeitos das plantas e dos animais, bem como de espíritos e divindades. Além de tudo isso, xamãs modernos agora às vezes funcionam até como intermediários, e trabalham até mesmo como diplomatas e políticos para a proteção de suas terras e o compartilhamento de conhecimento.

O "Ismo" do Xamanismo e o Debate sobre a Palavra

Com tudo isso dito, e embora eu tenha usado a palavra *xamanismo* em todos os meus livros anteriores, quando convidado a escrever um livro sobre xamanismo para iniciantes, o primeiro pensamento que me ocorreu foi como realmente não gosto da palavra xamanismo, ou até do que o nome sugere. Por quê? Bem, principalmente por causa do sufixo "-ismo", convencionalmente usado para agrupar diversos sentidos ou práticas de um sistema ou conjunto de crenças maior em uma única categoria. Pode ser hora de reconsiderar o uso sensato do sufixo "-ismo" para qualquer pensamento definido ou sistema religioso.

Darwinismo ou Marxismo, por exemplo, podem ser ótimos para descrever as doutrinas de Charles Darwin ou Karl Marx, mas, até mesmo "ismos" simples como esses, associados ao corpo de pensamento ou crença de um homem, levam inevitavelmente a outros "ismos" associados com o original. O Darwinismo naturalmente leva ao Criacionismo e ao Ateísmo ou, por outro lado, ao Lamarckismo. O estudo do Marxismo não estaria completo sem uma compreensão do Comunismo, que então convida a uma enorme quantidade de outros "ismos" de um homem só, como Leninismo, Stalinismo, Maoismo, Trotskismo e Neomarxismo, entre outros. Minha cabeça já está girando.

Agrupar religiões em "ismos" é igualmente confuso, até mesmo depreciativo. Quando descrevemos o Budismo, refere-se vagamente ao modo de vida ou à religião em torno dos ensinamentos de Siddhartha Gautama, conhecido como Gautama Buddha. No entanto, Theravada, Mahayana, e Vajrayana costumam ser mencionados como ramos do Budismo, mas com diferenças significativas e praticados em várias regiões ao redor do mundo.

Provavelmente, o melhor exemplo em reconsiderar o uso do sufixo "-ismo" seja a Cristandade. Pouquíssimos cristãos ficariam felizes em rotular todos os diferentes ramos da Cristandade como "Cristianismo"!

Muitos concordariam que Cristianismo seria um termo que descreve os vários ramos de monoteísmo nascidos da religião que reconhece Jesus Cristo como sua figura central, visto que suas origens estão entrelaçadas com o Judaísmo, e costuma ser considerada uma religião abraâmica, junto ao Judaísmo e ao Islamismo. O Cristianismo, então, teria que incluir (e note todos os ismos) o Catolicismo Romano, o Nestorianismo, a Ortodoxia Oriental, a Igreja Católica Ortodoxa, o Anglicanismo, o Protestantismo, o Anabatismo e o Restauracionismo, entre muitos outros sub-ramos, como as Igrejas Batista, Metodista e Luterana, para citar algumas, além de grupos não "convencionais", como a Igreja de Jesus Cristo dos Santos dos Últimos Dias, a Iglesia ni Cristo, Cristadelfianos e os Testemunhas de Jeová.

O xamanismo, então, como um "ismo", incluirá também um vasto espectro de práticas e sistemas de crenças, como o animismo (crença de que o espírito habita todos os seres vivos e os fenômenos naturais), o paganismo (culto à natureza sem uma religião organizada), hilozoísmo (crença de que todas ou algumas coisas materiais possuem vida, ou de que toda vida seja inseparável da matéria), pampsiquismo (em que todas as partes da matéria envolvem a mente, e todo o universo é um organismo que possui uma mente), etc.

Existe, portanto, o debate sobre usar a palavra fora da definição etimológica. A etimologia da palavra sugere que ela só pode ser usada em referência a xamãs das regiões siberianas e mongóis do mundo. É justo, ou até correto, usarmos a palavra *xamã* para descrever povos de talentos semelhantes de outras partes do planeta, como América do Norte, Amazônia ou África?

Essa é uma questão interessante que discutiremos brevemente, pois ajudará a esclarecer do que falamos quando usamos a palavra *xamanismo*. Há um forte debate acerca dessa questão desde 1964, quando Mircea Eliade publicou o livro que tornou a palavra *xamanismo* famosa, e que foi responsável por uma grande parte da ascensão do movimento da Nova Era, intitulado O *Xamanismo e as Técnicas Arcaicas do Êxtase*.

Até hoje, o gigantesco livro de Eliade (mais de 600 páginas) é considerado por muitos a referência quintessencial sobre o xamanismo. Essa obra é citada em centenas, se não milhares, de estudos e livros sobre xamanismo. Nela, Eliade descreve práticas espirituais e ritualísticas de todo o planeta e populariza o termo *xamanismo,* não apenas fora de sua etimologia, mas também fora das práticas exclusivas dos xamãs siberianos/mongóis. No entanto, muitos "estudiosos" do xamanismo não concordam com as suposições de Eliade. Uma das mais recentes e ferozes é Alice Beck Kehoe. Ela descreve Eliade como um "acadêmico de poltrona", observando que, com a exceção da Índia, Eliade nunca visitou as culturas ao redor do mundo que descreve, nem vivenciou em pessoa nada sobre o que escreveu. Comentário válido, de fato.

O outro lado disso se refere ao agrupamento de todas as diferentes especialidades conhecidas pelos xamãs sob a palavra genérica *xamã.* Kehoe cita os antropólogos Robert Carlson e Martin Prechtel em seu trabalho com os maias guatemaltecos. Só nessa única região, eles identificam 11 diferentes especialidades de xamãs – de curador a parteira, de botânico a astrólogo.

Em conclusão, pelas minhas próprias experiências com xamãs de todo o mundo, concordo plenamente com o que Roger Walsh declara em seu fascinante livro, *The World of Shamanism: New Views of an Ancient Tradition:* "Nenhuma abordagem ou perspectiva consegue abarcar as muitas facetas e dimensões do xamanismo".[3]

No entanto, antes de prosseguirmos, podemos fazer um comentário geral sobre o xamanismo quando nós deixarmos as variações culturais de lado, e dizer que um xamã é definitivamente alguém que consegue entrar em estados de consciência que estendem radicalmente a esfera humana, passando por uma transformação completa em sua visão do mundo e do universo. Por meio da morte e do renascimento, o xamã é compelido a uma vocação que serve sua comunidade como um canal para mundo(s) mais do que humanos.

3. Walsh, p. 271.

Capítulo 2

A Visão de Mundo Xamânica

Os mitos e as lendas de tribos xamânicas existentes podem nos dar pistas para responder à pergunta de como e por que o xamanismo se originou, mas devemos nos lembrar de que cada idioma e cultura têm suas nuances e características específicas, que não são facilmente traduzidas ou até compreendidas por alguém que não seja daquela cultura. É aí que muitos antropólogos erram: há uma barreira distinta entre a mente tribal do xamã e a mente ocidental. Além disso, algumas palavras e conceitos de uma cultura não podem ser simplesmente traduzidos para outra, especialmente apenas por meio de palavras.

Isso foi colocado bem na minha cara há quase 20 anos, enquanto tentava participar de uma cerimônia huichol conduzida em um idioma que eu não entendia. Em um ponto, durante a longa cerimônia na qual o xamã entoava cânticos em volta do fogo, simplesmente não consegui mais suportar o fato de não entender as palavras do xamã; então, perguntei para outro xamã sentado ao meu lado (que, como eu, falava um pouquinho de espanhol) o que o xamã entoava. Sua resposta foi: "Não sei bem; ele está entoando o idioma da águia agora, e só sei um pouco desse idioma".

Fiquei perplexo. Imaginava que eu era o único na cerimônia que não entendia, mas estava errado. Depois da cerimônia, falei com um dos meus bons amigos huichóis, que era um *jicarero* (guardião das tradições sagradas), mas não um xamã, e perguntei-lhe o que tinha acontecido.

Ele explicou casualmente que todos os xamãs têm níveis diferentes de conhecimento e experiência. Até os mais sábios e mais experientes não sabiam de tudo o que outro xamã fazia, ou até todos os mitos e as histórias do povo. Por isso que havia sempre vários líderes xamãs, ou *kawiteros*, que se reúnem em cerimônias especiais e trabalham juntos para manter as tradições vivas.

Então, aqui podemos ver que, até mesmo em uma das centenas de culturas xamânicas existentes, ficam abertos à especulação – até mesmo dentro da própria comunidade – quais eram as práticas, as origens e os mitos específicos daquela cultura. Isso mostra claramente que, para responder à nossa pergunta, precisamos tomar outra rota.

A coisa mais simples a fazer é recuar e considerar as situações de vida básicas nas quais essas tribos antigas viviam. Havia desafios específicos para elas em viver da terra como caçadoras-coletoras.

Alimento, água e abrigo eram os principais interesses. A localização seria definitivamente um fator direto quanto à maneira na qual as pessoas sobreviveram e viveram. Mas, até para essas tribos que tinham suprimentos adequados de alimento e água, ainda haveria doenças, danos e a necessidade de viver em harmonia com os seus arredores.

> *Dizem que os xamãs esquimós entram em contato com os espíritos e preveem o que vai acontecer. Eles veem as almas dos mortos e ouvem suas conversas... (e) conhecem os esconderijos dos animais de caça.*
>
> (BLODGETT)

Caçadores-coletores necessariamente veriam tudo ao seu redor como preenchido por uma força, ou "espírito", que deu vida a cada ser, incluindo um ser humano recém-nascido. Isso é o que deu origem ao conhecimento especial do xamã para trabalhar diretamente com os espíritos ao redor deles.

Jamais saberemos, nem seria adequado generalizar, onde ou quando os primeiros "xamãs" apareceram. Há muito debate entre antropólogos, arqueólogos e outros a respeito do assunto. Os povos antigos nos deixaram pistas, mas podemos apenas especular acerca do que elas significam.

Existem pinturas rupestres pré-históricas no sul da França que retratam figuras meio humanas e meio animais, que podem ser interpretadas como xamãs misturando-se com os espíritos dos animais. Eu mesmo vi centenas de petróglifos e imagens antigas no sudoeste dos Estados Unidos que retratam semelhanças tão impressionantes com aquelas encontradas na Sibéria e na Ásia Central, que parece não haver dúvida de que as pessoas que fizeram os desenhos acessaram uma consciência subjacente – sobre a qual discutiremos depois neste capítulo – e de que a caça era um meio de sobrevivência básico.

Entra o xamã.

Não há dúvidas de que a caça era o principal interesse dos povos antigos, e não se questiona que os xamãs fossem empregados na descoberta dos animais, pois essa tradição permanece nas culturas xamânicas até hoje. Como o antropólogo Piers Vitebsky diz com eloquência:

> É possível até que obter animais para comer fosse um objetivo mais fundamental (para o xamã) do que curar os doentes. Isso pode parecer estranho hoje por causa do nosso forte interesse contemporâneo em psicologia e cura, que são aspectos do xamanismo que cativam nossa imaginação. Além disso, estamos agora tão distantes da dependência da caça que achamos difícil imaginar a busca por animais como sendo tudo aquilo que se coloca entre nós e a fome. De fato, alguns ocidentais interessados em xamanismo hoje podem ser vegetarianos, uma postura que seria impossível de explicar para a maioria dos xamãs tradicionais.[4]

O outro lado disso é que, em certas regiões do mundo, e de acordo com as estações do ano, a colheita de plantas e frutos selvagens comestíveis era tão importante quanto a caça, talvez ainda mais. Alguns estudiosos acreditam que havia culturas primitivas nas quais os comestíveis selvagens respondiam por até 80% de sua dieta, e que identificar e coletar essas plantas eram, em grande parte, o domínio das mulheres. Xamãs femininas, portanto, eram responsáveis pelo conhecimento e pela erudição a respeito das plantas comestíveis e medicinais das quais

4. Vitebsky, *Shamanism* (Norman: University of Oklahoma Press, 1995), p. 31.

a tribo dependia. E, como veremos depois, as xamãs também estavam aptas ao dom mais precioso da tribo: o parto saudável da criança recém-nascida.

O maior risco da vida está no fato de que a alimentação humana consiste totalmente em almas. Todas as criaturas que temos de matar e comer, todas aquelas que temos de abater e destruir para fazer roupas para nós, têm almas, almas que não perecem com o corpo e que devem, portanto, ser pacificadas, senão elas se vingariam de nós por tirarmos seus corpos.

(UM XAMÃ IGLUIK CITADO EM STIRLING, p. 31)

Pode haver pouca dúvida de que, no início da história xamânica, os primeiros xamãs fossem aqueles com mais sensibilidade em áreas que levavam a tribo ao sucesso na caça e na colheita. Geração após geração, mais conhecimento de práticas e técnicas se desenvolveu e foi transmitido. Isso levou a um sistema complexo de estados alterados de consciência que persistiram por talvez muitas dezenas de milhares de anos e evoluiu para muito mais do que apenas uma ferramenta para sobrevivência.

Evolução do Xamã Caçador-Coletor

Para muitas culturas xamânicas ao redor do mundo, a necessidade de caçar e colher arrefeceu aos poucos, enquanto a agricultura e a domesticação dos animais tornaram-se os principais modos de alimentar a comunidade. No entanto, a conexão entre o xamã e o que o sustenta, tanto física, quanto espiritualmente, não mudou de maneira significativa. Os xamãs autênticos ainda vivem em conexão direta com o que os sustenta. Muitos povos ocidentais interessados no xamanismo fariam bem em ouvir o que meus mentores sempre me disseram: "Não existe poder sem oferta, e quanto mais poderosa a oferta, mais poder será recebido".

Não é minha intenção aqui levar os leitores à ação ou ofender alguém, mas uma verdade sólida no mundo xamânico é que o sangue é a mais forte das oferendas. O sangue menstrual, embora seja predominantemente um tabu na cultura moderna, era historicamente muito sagrado e considerado a mais poderosa das oferendas, em especial aquelas de sangue feitas a terra/solo. Até mesmo hoje em dia, há culturas, como no Tibete, que consideram o primeiro sangue menstrual de uma jovem a forma mais potente de remédio para a cura de toda a comunidade.[5]

Por todo o planeta, culturas antigas reverenciavam o sangue como a força vital sagrada encarnada no nosso mundo. Por isso, até hoje nós ainda vemos animais sendo sacrificados em rituais por xamãs, para o benefício de indivíduos e da comunidade. O xamã utiliza a força vital sagrada, ou energia, do animal para cura e bênção. Mas deixemos isto muito claro: cada animal que já vi sendo empregado em um ritual xamânico autêntico de uma cultura antiga (minhas experiências do tipo foram em grande parte com os huichóis no México) sempre foi tratado com o máximo respeito e gratidão, e cada parte dele foi usada pela comunidade como alimento, roupa, fonte de energia, etc., ao contrário dos nossos animais da agricultura industrial, que são simplesmente abatidos aos milhões pela carne, com a maior parte do animal sendo descartada depois. Essas cerimônias xamânicas com as essências física e espiritual do animal são realizadas em um estado de conexão consciente com a força universal tão elevado, que nem se podem comparar as duas maneiras de tratar os animais.

Dito isso, os rituais de sangue das comunidades xamânicas entraram aos poucos em declínio apenas por uma questão econômica. Os animais domésticos nas comunidades xamânicas modernas estão entre as coisas mais preciosas que eles possuem, e não são abandonados sem um motivo especial. Além disso, algumas culturas, por exemplo, a huichol e a maia, criam apenas alguns animais e são quase completamente agrárias.

Em qualquer caso, o papel dos xamãs na comunidade presenciou uma evolução nos tempos atuais, e agora eles funcionam mais como curadores, adivinhos, emissários e guardiães do conhecimento sagrado.

Elementos Básicos da Visão de Mundo Xamânica

Além das muitas diferenças culturais entre as comunidades xamânicas antigas e modernas em todo o planeta, há alguns pontos básicos

5. Stephan Beyer, *The Cult of the Tara: Magic and Ritual in Tibet* (Berkeley: University of California Press, 1978).

em comum em termos da visão de mundo subjacente compartilhada por quase todas as pessoas em uma comunidade xamânica. Entre eles estão:

Um indivíduo é único e indistinguível do seu ambiente. Todo o mundo compartilha um corpo, uma carne.

A identidade é formada por meio de um relacionamento íntimo com o mundo natural, especialmente o território "doméstico" e os lugares sagrados.

Tanto o serviço para a comunidade humana como aquele para a comunidade da natureza são inseparáveis dos objetivos do indivíduo.

As atividades diárias enfatizam doar o máximo possível sem pedir por nada mais do que for necessário.

Toda vida tem um valor intrínseco que não depende de uma avaliação econômica.

A comunidade depende completamente do ambiente local para sustento material e, portanto, o ambiente local é tratado com o máximo de respeito e reciprocidade.

Essa é a base do mundo do xamã. Há certamente outras práticas ascéticas e meditativas para alterar a consciência, mas sem essa plataforma básica de unidade, não há forma de ele ou ela esperar dar o pulo na consciência para entrar em outras dimensões da realidade.

Existe uma frase nativo-americana, "Para todos os meus relacionamentos". As palavras para isso em Lakota são "Mitakuya Oyasin". Isso não significa apenas sua mãe e pai, seus irmãos e irmãs, sua tia e tio. Significa seu gato. O pássaro que seu gato captura. Os ácaros nas penas do pássaro. A árvore na qual o pássaro vivia. As nuvens debaixo das quais ele voava. E as estrelas acima das nuvens.

(WOOD, p. 10)

Como os Xamãs Fazem Seu Trabalho

- Os espíritos animados da natureza e o "além" podem ser contatados se a pessoa souber como fazer isso.
- Os xamãs cooperam com e/ou controlam esses espíritos para o benefício da comunidade e dos indivíduos.
- Há vários níveis de consciência que permitem o acesso a uma realidade multidimensional.

- Os xamãs usam técnicas e práticas específicas para atingir estados alterados de consciência para acessar realidades multidimensionais.
- Os animais, às vezes, desempenham papéis importantes como professores e guias.
- Às vezes são usados enteógenos vegetais específicos.
- A cura dos outros acontece depois da autocura dos xamãs.

Consciência Xamânica

Analisemos agora mais de perto os níveis ou estados de consciência diferentes pelos quais um xamã pode passar para fazer a travessia até a percepção de realidades multidimensionais e mundos espirituais.

1. Este primeiro nível chamo de comum para nossa cultura moderna e para outras que perderam um senso de união com a natureza e o cosmos. Nesse nível, o ego é quase completamente autocentrado e isolado das ocorrências do mundo mais do que humano.
2. No segundo nível, há uma leve conscientização da fusão entre o eu e o ambiente da natureza e outros seres ao redor. Por causa disso, a capacidade para a empatia se manifesta, mas não em um nível que impeça a pessoa de fazer mal ou causar dano a algo ou alguém fora de sua estreita esfera de compaixão, se for considerado necessário.
3. No terceiro nível, vemos os primeiros sinais do ego fundindo-se temporariamente com o ambiente ou outros seres.
4. O quarto nível é importante para o xamanismo, porque aqui identificamos nosso organismo humano com um corpo unificado muito maior, com plantas e animais, e com outros fenômenos e formas de comunicação não acessíveis aos níveis inferiores. Aqui podemos vivenciar a consciência livre de avaliações e julgamentos humanos.
5. No quinto nível, o sentimento de união entre o eu e o ambiente leva a experiências de conhecimento silencioso, à telepatia, à habilidade de transferir energia e/ou curar, à habilidade de comprimir ou prolongar a percepção do tempo, e a outras experiências normalmente consideradas sobrenaturais ou extrassensoriais. Neste nível, muitas experiências simplesmente não podem ser explicadas por palavras.

6. O sexto nível é aquele livre de todas as amarras humanas, como se o seu organismo e consciência pessoal fossem completamente não discerníveis da consciência unificada do cosmos.

Nesses termos, portanto, poderíamos dizer que a experiência xamânica acontece, em geral, nos níveis três, quatro e cinco. É por meio das muitas técnicas usadas pelos xamãs (discutidas no capítulo 4) que eles focam atenção e concentração a ponto de atingirem esses níveis de consciência. Muitos pesquisadores xamânicos rotularam os níveis quatro e cinco de "estados de transe", ou "estados arrebatados", com o nível seis no campo do "incognoscível", que discutimos no capítulo 9.

Realidades Multidimensionais

Os estados de consciência xamânicos são usados pelos xamãs para entrar em outras realidades, diferentes daquelas às quais estamos acostumados. Isso pode soar "estranho" para alguns, mas a nossa ciência moderna agora se junta aos antigos xamãs e místicos para concordar com isso; nós ainda falaremos mais sobre isso daqui a pouco. A dimensão mais importante para o xamã, provavelmente, além da nossa realidade física, pode ser mais bem descrita como o mundo espiritual. Isso não necessariamente significa o mundo dos espíritos humanos ou almas dos mortos. A maioria das culturas xamânicas lista muitas camadas do mundo espiritual que existem ao mesmo tempo juntas e separadas, assim como a nossa realidade física e as outras dimensões.

O fundamento do xamanismo é que *algo* (consciência, espírito, alma, etc.) pode deixar o corpo físico e "viajar" para outras dimensões ou mundos. Normalmente, a nossa cultura moderna restringe essa passagem ao momento em que morremos. Todavia, mesmo quando analisamos de perto algo que fazemos todas as noites – sonhar –, podemos ver que nossa consciência é capaz de circular sem o nosso controle.

Quantos de nós tiveram um sonho que depois se tornou realidade? Ou conversaram em um sonho com um parente ou amigo falecidos como se eles ainda estivessem vivos? Eu sei, porque já tive.

Pode-se argumentar que o estado alterado de consciência empregado pelos xamãs é apenas uma forma controlada de sonho aprendida com os ensinamentos xamânicos da tribo.

Sob o ângulo da Física, temos agora muitas teorias novas sobre a natureza da realidade e da consciência que podem lançar luz sobre como os xamãs trabalham. *Interconexão quântica* é um termo usado para descrever o conceito de que:

> [...] cada ponto no espaço-tempo se conecta, por meio da "espuma quântica", a todos os outros pontos no espaço tempo, (o que) transforma nosso universo em um imenso espaço onírico.[6] Outra teoria interessante da Física é que:
>
> [...] a consciência é um campo biogravitacional semelhante ao campo gravitacional que rege a matéria. Isso é como dizer que mente e matéria são vibrações diferentes ou ondulações no mesmo lago.[7]

Essas duas perspectivas da Física moderna são exatamente as que formam a base para as técnicas e as práticas dos xamãs para atingir estados alterados de consciência. Para ir mais um passo além, nós poderíamos dizer que, dentre todas as realidades possíveis, no curso das nossas vidas cotidianas, escolhemos com qual realidade concordamos. Nós nos permitimos seguir o consenso do que aqueles ao nosso redor consideram ser a *única* realidade.

Os xamãs não se limitam a ter de responder ao consenso. Esta é uma das coisas mais importantes a aprender sobre os xamãs e uma das mais difíceis para a mente ocidental perceber: que nós nos limitamos à consciência dos nossos assuntos humanos pessoais! Mas o universo não é tão simples assim...

Árvores, Montanhas e Pilares Mundiais

Para muitas culturas xamânicas, incluindo as complexas cosmologias da maioria dos xamãs siberianos, maias e huichóis, existem três mundos nos quais toda a existência está contida: os mundos superior, intermediário e inferior, também conhecido como céu, terra e o submundo. A árvore mundial, ou *axis mundi* (eixo do mundo), conecta todos os

6. Michael Talbot, *Mysticism and the New Physics* (London: Routledge & Kegan Paul, 1987), p. 122.
7. *Ibid.*

Então meu protetor (espírito) me contou que eu entraria na terra. Que eu atravessaria a terra e então emergiria em outro lugar. Quando emergimos, começamos a escalar a teia – era a teia do céu! Sim, meu amigo. Agora lá no céu, as pessoas lá em cima, os espíritos, os mortos, eles cantam para mim para que eu possa dançar...
(XAMÃ KUNG, CITADO POR MARGUERITE ANNE BIESELE EM HALIFAX 1979, p. 56)

três níveis. Algumas culturas usam uma montanha específica ou até um pilar sagrado em um templo ou lar como uma metáfora para o *axis mundi*.

Pois ela é realmente uma metáfora. Não existe forma de vivenciar o *axis mundi* sem estar em um estado alterado de consciência. Mas, se quisermos conversar sobre experiências da realidade multidimensional, então devemos usar esses tipos de metáforas. Podemos descrever o movimento da nossa consciência como para baixo no submundo ou para cima no céu. De qualquer forma, essas são apenas metáforas para o movimento, ou expansão, da nossa consciência.

Embora algumas culturas xamânicas, como a dos Magares e dos Esquimós Dourados, usem de fato uma árvore viva durante a cerimônia, a árvore mundial é apenas uma metáfora para o centro da criação no meio da espuma quântica. Dessa forma, cada árvore, cada lugar e cada pessoa estão no centro da criação. Quando subimos, descemos ou somente balançamos nos ramos da árvore mundial, nossas vidas são modificadas para sempre, ao quebrarmos o feitiço do consenso e expandirmos nossa consciência na espuma cósmica. Vivenciamos a unidade da consciência/matéria/tempo/espaço e a interconexão de toda a vida. Esta é a jornada perene do xamã.

Portais para Outros Mundos

Em livros anteriores, descrevi algumas das minhas experiências pessoais com portais multidimensionais enquanto estava em um estado alterado de consciência. Como na vez em que vi um campo espiralado de energia no fundo de um cânion afastado em Utah, e depois de caminhar até voltar ao local onde o vi, descobri vários antigos petróglifos de espirais desenhados na parede do cânion. Ou quando eu visitava os

Wirrarikas e o xamã ancião mudou minha vida para sempre, cortando um galho da árvore com sua faca e então me mostrando que, na parte cortada do galho, poderia ver claramente que o crescimento em espiral da árvore tinha o mesmo padrão que eu possuía em cada uma das pontas dos meus dedos das mãos e dos pés...

Os Wirrarikas chamam os portais para as realidades multidimensionais dc *nierikas*. Eles costumam utilizar o fogo sagrado como seu *nierika*, mas, assim como fazem muitas outras culturas xamânicas, eles também usam como portais para o céu e para o submundo qualquer uma destas coisas: cavernas, buracos na terra naturais ou cavados pelo homem, fontes (especialmente fontes termais), árvores ocas, relâmpagos e o espaço entre as nuvens, no centro do qual o Sol aparece brilhando como um pilar de luz.

Algumas culturas utilizam edifícios construídos especialmente como portais para outros mundos. Os povos antigos Pueblos, bem como os modernos Hopi, têm uma estrutura chamada *kiva* para certas cerimônias e rituais. As *kivas* são salas construídas acima do solo ou escavadas na terra, e costumam ser acessadas por meio de um buraco no teto delas, que também serve como uma saída para a fumaça das piras

> *Quando caiu a árvore (aquela que cortei para fazer itens sagrados), um homem saiu de suas raízes. Fiquei petrificado de medo... Enquanto eu olhava ao redor, vi um buraco na terra. Meu companheiro (espiritual) perguntou: "Que buraco é esse? Se seu destino for fazer um tambor com essa árvore, descubra!" Eu respondi: "É por meio desse buraco que o xamã recebe o espirito da voz dele". Nós descemos por ele e chegamos a um rio com duas correntezas seguindo em direções opostas. "Bem, descubra isso também!", disse meu companheiro. "Uma correnteza vai do centro para o norte, a outra para o sul – o lado ensolarado. Se você estiver destinado a entrar em um transe, descubra!" Eu respondi: "A correnteza norte origina-se da água para banhar os mortos e a sul daquela para os bebês". "Sim, isso mesmo, você acertou", disse ele.*
>
> (XAMÃ NGANASANI, RESUMIDO DE ANDREI A. POPOV, EM DIOSZEGI)

sagradas construídas dentro delas. O povo vizinho Navajo utiliza uma estrutura cerimonial semelhante chamada *hogan*. As culturas mesoamericanas também tinham e ainda têm estruturas sagradas como portais. A "casa do deus" huichol, ou *rirriki,* tem uma semelhança impressionante com as estruturas maias; nos dois casos, elas são construções pequenas, com apenas uma sala, decoradas com emblemas sagrados, repletas de oferendas.

Os recipientes que continham as oferendas também eram usados como portais nessas culturas. Os mais comuns eram cuias, pratos e panelas especialmente feitos para isso e com uma decoração intricada. Até hoje, os maias Lacandon referem-se a seus recipientes sagrados como seres vivos que transferem suas oferendas aos deuses como alimento. Esses objetos eram produzidos durante cerimônias especiais e por cinco dias os maias os "alimentavam", davam bebidas e cantavam para eles em rituais, até ganharem vida. Uma vez vivos, os recipientes novos substituem os velhos com as pedras sagradas e outros conteúdos dos recipientes velhos sendo transferidos para os novos. Dessa forma, o recipiente novo mantém o espírito ancestral específico, e os velhos são levados a uma caverna sagrada onde os ossos de seus ancestrais são guardados.

Poder Xamânico

No mundo do xamã, o poder está em todo lugar. Ele está incutido em tudo. É energia universal ou força vital. Os huichóis chamam essa força vital de *kipuri,* os dakotas de *wakan,* os aborígenes australianos de *joja* e os xamãs peruanos a chamam de *cuenta*, entre outros. Cada cultura xamânica tem uma palavra, ou até várias, para as energias universais.

Esse tipo e conceito de poder vai muito além do campo de um maquinário mecânico ou do espaço euclidiano. O poder xamânico vem do lugar de unidade quando a pessoa consegue se abrir totalmente e escalar a árvore mundial, unir-se à espuma cósmica, conversar com tudo, e aprender as linguagens das pedras, das plantas e dos animais.

Os xamãs adquirem e usam essa energia por meio da dedicação absoluta, que estimula sua vontade e leva a concentração completa a níveis que nossa mente conduzida pelo ego nem pode imaginar. Em suma, eles usam seu domínio do mundo, tanto físico quanto psíquico, como uma passagem para a consciência mais elevada.

Em algumas culturas xamânicas, o poder é transmitido de um xamã para um parente ou outra pessoa quando estiverem prontos para ser um xamã. Normalmente, há um ou às vezes muitos rituais intensos que acompanham isso, e é comum o uso de objetos de poder naturais, tais como penas de águia e cristais. Falaremos mais sobre isso no próximo capítulo.

Quando eu era um menino, ele (meu pai, o xamã) me levou para a mata para treinar para ser um Mulla-mullung (xamã). Ele colocou dois grandes cristais de quartzo (Wallungs) contra o meu peito, e eles desapareceram dentro de mim. Depois disso, passei a ver coisas que minha mãe não conseguia enxergar. Quando eu saía com ela, eu dizia: "O que são aqueles homens andando lá?" Ela respondia: "Filho, não tem nada lá". Esses eram os Jir (fantasmas) que comecei a ver... "Tente expelir um Wallung", meu pai disse. Tentei e expeli um. Ele então falou: "Venha comigo para esse lugar". Eu o vi ao lado de um buraco no chão, levando a uma cova. Entrei e vi um homem morto, que esfregou todo o meu corpo para me deixar mais esperto, e que me deu alguns Wallung.

(XAMÃ WIRADJURI, CITADO EM HOWITT)

As essências e as energias dos lugares específicos onde a formação natural da terra tenha, de alguma forma, diminuído o véu entre mundos, ou, digamos, tenha a estrutura para alterar nossa consciência um pouco mais facilmente, também são empregadas no ganho do poder. Os locais de poder certamente não são imaginários. Sei disso, com certeza, depois de ter visitado centenas deles durante minha vida e, quase diariamente, levo pessoas para pontos de poder em Sedona, Arizona, onde moro. Aqui, a combinação de formações de rocha vermelha muito altas, com vegetação perene e um céu azul perpétuo (vermelho, verde, azul – as três cores primárias para o olho humano), o Oak Creek alimentado por uma nascente e a maioria de toda a fronteira transicional na crosta terrestre (a beira do Planalto Colorado) se reúnem em uma unidade mágica que você sente assim que chega ao local.

Falaremos mais adiante neste livro sobre lugares de poder, objetos, plantas, animais, além das muitas outras fontes de energia universal.

Xamãs: o Paradoxo do Pensamento Ocidental

> Se você perguntasse: "Existe uma explicação rápida e fácil para o xamanismo?" Eu responderia: "É precisamente o oposto de nós! Apenas vire do avesso tudo no seu mundo, e o mundo xamânico logo começará a aparecer".[8]

Essa citação do pesquisador da consciência Holger Kalweit resume perfeitamente a visão de mundo xamânica que exploramos neste capítulo. Nossa cultura nos ensina a ser um "sucesso" e que o "progresso" material é essencial. O xamã diz que a união com tudo é o que importa. Embora nossas vidas ocidentais estejam centradas em torno do prazer sem dor e do conforto a todo custo, o xamã suporta um grande sofrimento para vivenciar níveis ainda mais elevados de alegria, união e conhecimento.

Xamãs são produtos do mundo natural. Eles têm mente, corpo e espírito fortes por meio de lições incontáveis com as qualidades brutais da natureza e os estados extáticos da harmonia com o universo. Não temem nada, porque já olharam no rosto da morte e enxergaram a visão mais ampla da realidade.

Do outro lado do espectro, temos o estilo de vida ocidental

Eu tento acertar meus pedidos.
Mas às vezes não funciona.
Uma vez, pedi por uma árvore de ponta-cabeça, e seus galhos estavam onde as raízes deveriam estar!
Os esquilos tiveram de perguntar para as toupeiras: "Como desço para chegar até em casa?"
Uma vez aconteceu assim.
Então teve a vez, lembro-me agora, em que desejei um homem de ponta-cabeça, e seus pés estavam onde suas mãos deveriam estar!
Pela manhã, seus sapatos tiveram de perguntar aos pássaros: "Como voamos até lá para chegar até em casa?"
Uma vez aconteceu assim.
(XAMÃ SWAMPY CREE, CITADO EM NIBENEGENESABE, p. 210)

8. Holger Kalweit, *Shamans, Healers, and Medicine Men* (Boston: Shambhala, 1992), p. 222.

de termos discussões despreocupadas em cafés, e passamos mais de 80% de nossas vidas em lugares fechados, buscando a felicidade e tentando evitar sermos infelizes.

Sem querer menosprezar nossa cultura, isso é apenas para identificar a lacuna enorme no espectro da consciência entre aqueles que amadurecem com o sofrimento e aqueles hipnotizados pelo mercantilismo e os bens materiais. O interesse de cada vez mais pessoas no xamanismo todos os dias é um grande presente para o planeta e a humanidade! No mundo xamânico, o sofrimento leva à cura, e a nossa espécie não está sofrendo agora com guerra, indiferença e estilos de vida antropocêntricos que estão destruindo o planeta? Talvez esse sofrimento seja a iniciação da humanidade nos estados de consciência mais elevados. Assim como o xamã, talvez nós precisemos desse sofrimento para sermos curados de verdade.

Capítulo 3

Xamã: Masculino, Feminino e o Andrógino

Eu tive a sorte de ter vivido entre povos tribais, como os Wirrarikas, que tinham um estilo de vida bem equilibrado, em se tratando da liderança masculina/feminina na comunidade. Em muitos casos, no entanto, isso não pareceria ser a verdade quando visto de "fora", porque a maioria das comunidades indígenas que conheço é representada para o mundo externo pelos homens. As mulheres costumam administrar o que acontece no lar e na comunidade, e deixam os homens lidarem com o resto. É claro que isso não é algo inflexível e, nos últimos tempos, mulheres de certos grupos se tornaram líderes francas de seus povos.

Rigoberta Menchú Tum, uma quiché-maia da Guatemala, é um exemplo perfeito. Por décadas, ela promoveu os direitos indígenas e, em 1998, foi agraciada com o Prêmio Nobel da Paz. Entre muitos outros projetos, Rigoberta também ajuda a reter as tradições e a cosmovisão[9] do povo maia, apoiando estilos de vida tradicionais e práticas comunitárias.

Historicamente, debate-se muito sobre qual gênero tem a função original de xamã. Parece que cada tribo individual tinha, e ainda tem,

9. Cosmovisão é a visão ou a compreensão do mundo, especialmente em relação ao tempo e ao espaço.

suas próprias tradições em relação a xamãs homens e mulheres, mas, em todas as culturas, raramente há restrições a um sexo ou outro tornar-se xamã. Atualmente, por todo o planeta parece haver mais xamãs homens do que mulheres. Muitas autoras feministas comparam isso diretamente com o domínio do patriarcado em todo o mundo. No entanto, existem várias culturas em que há um número maior de mulheres do que homens entre os xamãs e nas quais o primeiro xamã foi historicamente uma mulher. Na China e no Japão antigos, havia um predomínio de xamãs mulheres, e esse ainda é o caso na Coreia moderna e em Okinawa, entre os Mapuches no sul do Chile, os povos Korak e Yurok, do norte da Califórnia, e nos muitos cultos de "possessão espiritual" encontrados na África e no Brasil, entre diversos outros locais.

Minha experiência demonstrou que todos têm talentos específicos, os quais não dependem exclusivamente do gênero. Parece natural que as especialidades xamânicas evoluíssem com as circunstâncias da vida e com a divisão do trabalho na comunidade. Isso ainda pode ser visto hoje em muitas comunidades indígenas. Nas comunidades que vivem da terra, os homens costumam ficar encarregados do trabalho pesado, de abrir novos campos para as plantações, caçar e cuidar do gado, enquanto as mulheres cuidam das plantas, criam os filhos, repartem a colheita, são encarregadas do preparo do alimento para a família, e de refeições e bebidas sagradas do calendário cerimonial.

Muitas vezes, sentei-me com várias gerações do povo Wirrarika, enquanto homens, mulheres, avós, bisavós e filhos trabalhavam juntos por muitos dias tirando os grãos de milho secos das espigas, para serem moídos e fazerem *tortillas*. Durante essas sessões de trabalho descontraídas, laços de família são fortalecidos, enquanto histórias são contadas, mitos são compartilhados, decisões e planos são feitos, e notícias do mundo externo são discutidas e comentadas.

Entre os Wirrarikas, enquanto os homens são encarregados de completar as peregrinações para reverenciar os locais sagrados, as mulheres registram os eventos e são igualmente interligadas com a preservação das tradições, das cerimônias e dos mitos tribais, especialmente por meio do seu trabalho artístico intricado. As mulheres wirrarikas são tecelãs muito habilidosas que aprenderam seu ofício com incontáveis gerações de tecelãs. Os modelos, as estampas, o simbolismo e o alto nível de habilidade e conhecimento exigidos para fazer os tecidos tradicionais são tão valorizados que, da mesma forma que o caminho de um xamã, as mestras tecelãs dos Wirrarikas passaram por vários níveis de aprendizado e conhecimento. As mulheres com mais habilidade e conhecimento são as mais admiradas na comunidade.

Em certas comunidades maias, é comum um marido e sua esposa serem iniciados e treinados como sacerdotes xamãs juntos e ao mesmo tempo, se um ou o outro receber o chamado para a vocação. Ou se um homem ou uma mulher já for sacerdote xamã e se casar, o cônjuge passará pelo treinamento para ser sacerdote também.

Parteiras Xamãs

Embora em muitas culturas xamânicas haja mulheres que executam tarefas semelhantes às dos homens, por todo o mundo existe uma especialidade quase exclusiva das mulheres xamãs: o parto seguro de recém-nascidos. Mesmo nas culturas xamânicas que foram mais influenciadas pelo mundo moderno e que têm mulheres treinadas nas técnicas de parto modernas, na maioria dos casos a gestante e sua família também buscam os serviços de uma xamã iniciada/sacerdotisa/parteira.

A função da parteira varia bastante entre as culturas, mas mais do que algumas especialidades diretas podem ser citadas. Em primeiro lugar, a parteira era especialista no uso de plantas medicinais para as muitas complicações que poderiam surgir durante a gravidez e o parto. O pesquisador Virgil Vogel reuniu dados de várias tribos: as mulheres *katabas* bebiam decocções com a casca do álamo, cereja e casca de cereja cornalina. As mulheres Cheiene bebiam chá de levísia (*Lewisia rediviva*), coletada por uma idosa respeitada, cuja vida não foi amaldiçoada pela má sorte. Para desprender a placenta, as mulheres dos povos Navajo e Hopi bebiam um chá feito de uma planta chamada vassoura de cobra (*Gutierrezia sarothra*) e as mulheres Cherokee bebiam chá de erva caveira (*Scutellaria laterifolia*).[10] Muitos outros exemplos poderiam ser citados.

No entanto, a xamã/parteira compromete-se com muito mais do que o bem-estar físico do feto. Há uma crença comum entre as culturas

10. Virgil Vogel, *American Indian Medicine* (Norman: University of Oklahoma Press, 1982).

xamânicas de que a alma da criança em desenvolvimento, enquanto flutua no fluido embrionário durante a gravidez, pode "viajar" e brincar com outros espíritos da natureza. Os futuros xamãs brincam com os animais mais fortes, como lobos, ursos, leões e águias, e, quando eles mesmos se tornam xamãs, esses espíritos se tornam seus aliados. A parteira/xamã cuida do espírito da criança durante essas jornadas, no caso de a criança ficar assustada ou ferida. Conjecturou-se até que um xamã adulto pode regredir às habilidades pré-nascimento quando entra em um transe, e que, com o uso de enteógenos vegetais, consegue lembrar e usar essas habilidades e memórias.[11]

Embora um parto saudável nunca seja uma regra geral, missionários e conquistadores sempre suspeitaram da facilidade com a qual as mulheres nas culturas xamânicas davam à luz. Isso se deve em parte à preparação da criança e da mãe pela parteira xamã. Enquanto as mulheres modernas costumam ser sedadas e se lembram muito pouco ou quase nada do parto, a parteira ajuda a mãe e a criança a transcenderem a dor do parto e passarem para um transe extático da criação. Para a mãe, essa é a experiência mais "real" que ela poderia ter. A parteira/xamã também monta guarda para que entidades ou espíritos malignos não invadam esses momentos sagrados. Ao trabalhar com o espírito da criança não nascida por muitos meses durante a gravidez, ela já sabe quem a criança será e está preparada para o momento de sua chegada, e o que esperar durante e após o nascimento.

Existem muitos tabus xamânicos entre as várias tribos com relação à sacralidade do cordão umbilical e o que deve ser feito com ele depois do nascimento. Diversas xamãs/parteiras são conhecidas por prescreverem que o cordão umbilical seja enterrado em um ato de fertilidade para o crescimento saudável de plantações, plantas medicinais, árvores e uma conexão vitalícia da criança com os seres que sustentam a vida.

Androginia no Xamanismo

A dissolução dos opostos – luz e escuridão, vida e morte, masculino e feminino – é um tema recorrente no xamanismo, pois o coração

11. Veja Wolf-Dieter Storl, "The Witch as Shaman", *in: Witchcraft Medicine: Healing Art, Shamanic Practices, and Forbidden Plants* (Rochester, VT: Inner Traditions, 2003), p. 64-65.

do xamanismo é a jornada do xamã a reinos onde todos os opostos são apenas reflexos de um todo maior. Harmonia, transcendência e transformação oferecem ao xamã estados de consciência expandidos. Não é de surpreender que a existência da androginia possa ser encontrada no mundo dos xamãs; pelo contrário, isso é esperado.

A androginia reconcilia o paradoxo do masculino e do feminino, se não apenas como uma escolha ou uma condição inerente de um xamã, então, nos aspectos da iniciação e do transe extático, no qual a harmonia e o equilíbrio são uma experiência divina. Assim como o xamã deve vivenciar a doença para curar, o curador curado também pode vivenciar a unidade em se tornar o sexo "oposto" ou, em um nível mais elevado, integrar o oposto em uma totalidade da condição humana.

Dentre toda a literatura xamânica, relatos reais de androginia xamânica, travestismo e rituais que incluem uma mudança de sexo são raros. Mas isso poderia simplesmente ser porque a maioria dos relatos escritos do xamanismo era e é documentada em tempos patriarcais mais recentes, de menos compaixão pela mudança de gênero, homossexualidade e mulheres no geral. Desde o século XVIII, há um número significativamente maior de homens do que mulheres entre os xamãs, embora alguns etnógrafos acreditem que na Antiguidade muitos dos primeiros xamãs foram mulheres durante um período matriarcal.

Em 1904, o pesquisador Bogoras conta sobre os xamãs Chuckchee, que eram "homens suaves" ou homens "parecidos com mulheres". As mudanças nesses xamãs são expressivas:

> Ele perde sua força muscular, rapidez dos pés na corrida, resistência na luta, e adquire, em vez disso, a impotência de uma mulher. Até seu caráter físico muda. A pessoa transformada perde sua coragem bruta e espírito aguerrido, e fica tímida com estranhos, até passa a gostar de conversa fiada e de cuidar de criancinhas. De um modo geral, ele se torna uma mulher com a aparência de um homem...[12]

12. Waldemar Borgoras, *The Chuckchee* (Anais do Museu Americano de História Natural, vol. II, 1904), p. 448.

O ayami é o professor do xamã, é como um deus dele. O ayami de um homem é sempre uma mulher, e o de uma mulher é um homem, porque eles são como marido e mulher. Alguns xamãs também dormem com todos os seus espíritos assistentes, assim como uma mulher. Houve uma grande mulher xamã que viveu sem um marido, ela tinha muitos servos espirituais e dormia com todos. Eles dizem que tem um xamã cujo ayami se aproxima dele como um homem. Eu mesmo não vi xamãs assim.

(XAMÃ GOL'D, CITADO POR LEV IAKOLEVICH SHTERNBERG, EM HALIFAX, 1979, p. 123)

Os guias espirituais pedem para esses xamãs se transformarem em uma mulher, embora às vezes eles obedeçam apenas em parte, usando roupas de mulher, enquanto ainda vivem com suas esposas e filhos. Eliade relata androginia e travestismo entre as tribos do povo *Kamchadal*, no nordeste da Ásia, dos esquimós asiáticos, dos Koryaks e, mais raramente, na Indonésia, na América do Sul e entre certas tribos norte-americanas, como Arapaho, Cheiene e Ute.[13]

Embora informações sobre androginia no xamanismo sejam relativamente escassas, parece que muitas culturas xamânicas consideravam o xamã andrógino um dos mais poderosos e potentes, e aqueles que zombavam deles faziam isso apenas em voz baixa...

Outro aspecto para a dissolução dos opostos e a conquista do equilíbrio entre masculino e feminino, às vezes, é visto também na aquisição de guias e ajudantes espirituais do xamã. Geralmente, um xamã homem terá guias femininas, e vice-versa. Isso também se aplica a guias e espíritos animais. O guia espiritual animal do sexo oposto proporcionará todo um outro nível, ou aspecto, à sabedoria do xamã e a suas habilidades e atividades.

Por isso também os xamãs são chamados de "seres duplos". A aquisição de um ou mais espíritos assistentes que equilibre o gênero físico do xamã nega a dualidade, abraçando o oposto. O ser duplo é todo e torna-se o tronco da árvore mundial, unindo terra e céu, sagrado e mundano, luz e escuridão, masculino e feminino.

13. Eliade, *Shamanism*.

No entanto, tornar-se "todo" também pode ser realizado durante rituais sexuais e de acasalamento no mundo tribal. As culturas xamânicas têm, muitas vezes, uma abordagem muito diferente no que diz respeito aos relacionamentos sexuais do que estamos acostumados no mundo ocidental. A união de duas pessoas é para esses indivíduos também, em certo sentido, a união de energia e a conexão psíquica que revela a interconexão de toda a vida.

Sexo Sagrado no Mundo Xamânico

Certa vez, enquanto visitava uma comunidade Huichol, eu me vi sem conseguir dormir na pequena cabana que meus amigos me deixaram usar. Insone, saí da minha barraca e fui agraciado por um espetáculo colossal de estrelas no céu noturno. A altitude das montanhas, o céu limpo e a falta de luz ambiente colocaram as estrelas incrivelmente brilhantes em destaque. Afastei-me alguns passos da tenda e olhei ao redor para as outras, onde dormiam os huichóis. Tudo estava silencioso e calmo, e me admirei com a minha boa sorte de poder viver e aprender com aquelas pessoas mágicas, em suas montanhas sagradas. Sem estradas, luzes na rua e eletricidade, tudo isso aliado ao fato de sua vila ficar em um lugar remoto, a um dia de caminhada da vila mais próxima, sentia-me extremamente grato por aquelas pessoas conseguirem manter a aspereza do mundo moderno a distância, e conservar para a humanidade as tradições e o estilo de viver em união com a natureza.

Eu resolvi, na mesma hora, ir pegar algumas das minhas coisas e dormir ao ar livre naquela noite. Peguei uns cobertores e meu saco de dormir, achei um bom ponto plano, não muito longe da minha barraca, e fiz para mim um belo pequeno leito. Deitado no chão, no ar frio da noite, e olhando para o espetáculo estrelar, aos poucos relaxei e achei que pegaria no sono.

Bem na hora em que estava prestes a apagar, ouvi o som abafado de vozes humanas. Elas pareciam vir de fora de alguma barraca próxima, e me sentei para olhar ao redor. Virando na direção das vozes, eu mal conseguia enxergar, uns 45 metros adiante, o que pareciam ser duas pessoas deitadas em um leito parecido com o meu, do lado de fora de uma das cabanas. Eu sabia de quem era aquela cabana. Pertencia ao irmão de um bom amigo, Rosendo, e sua esposa, Maria. Aparentemente, pelo pouco que eu conseguia ouvir, eles resolveram dormir do lado de fora e estavam fazendo amor. Achei que eles provavelmente ouviram ou me viram sair da minha cabana, e esperaram para eu me ajeitar e talvez dormir antes de recomeçarem o que estavam fazendo. Ou talvez eu os tenha interrompido, mas de alguma forma não sentia que era o caso.

O som abafado do seu ato sexual a distância não me incomodava; na verdade, eu me admirava pelo fato de eles estarem do lado de fora, fazendo amor sob as estrelas. Mas, para pessoas que passam a maior parte de suas vidas ao ar livre, em um total contraste com o mundo moderno, no qual a maioria das pessoas passa de 50 a 90% de suas vidas em lugares fechados, acho que não era tão extraordinário esse casal dormir ao ar livre. Tenho a sensação de que provavelmente era bem natural para eles, e que faziam isso com regularidade.

Eu me deitei, fechei meus olhos e, em certo momento, estava quase dormindo, quando a próxima coisa aconteceu. Senti uma presença. Eu me lembro de não abrir os olhos logo de cara, porque, embora tivesse uma sensação sobre isso, tive sempre uma audição incrível e não ouvi ninguém se aproximar de mim. Com meus olhos fechados, imaginei que quaisquer espíritos ou entidades que provocariam a sensação de uma presença ao meu redor me deixariam em paz. Além disso, a sensação que eu tinha não parecia ameaçadora, pelo contrário – minha intuição me dizia que aquilo era algo bem especial.

E, então, uma mão humana quente e macia tocou no meu rosto. Em qualquer outro lugar ou circunstância, eu teria respondido de alguma maneira na mesma hora. Mas a sensação da mão na minha bochecha era tão extraordinária que fiquei quieto, e meus olhos permaneceram fechados. Dava para perceber que a mão era feminina, grande o bastante para ser madura, mas macia o suficiente para ainda ser jovem, e, quem quer que fosse, tocava-me com as costas da sua mão, que era um sinal visível de não agressão.

Lenta e metodicamente, ela entrou no meu leito, e quando dei por mim ela usava a boca para me excitar completamente. Confiei tanto nela que mantive meus olhos fechados. E então, de uma só vez, ela parou e deu um beliscão tão forte no meu mamilo que meus olhos abriram de repente.

Eu a conhecia. E conhecia seus irmãos e irmãs, pais e avós, primos, tias, tios, sobrinhos e sobrinhas. Seu nome era Xilonen, o que era peculiar, porque é um nome Nahuatl, não Huichol, que significa "minimilho", uma das coisas mais sagradas para os huichóis, que têm sua própria cerimônia de três dias quando as primeiras espigas de milho aparecem nos campos.

Xilonen era um pouco mais nova do que eu, mas não muito, provavelmente no início dos seus 20 anos. Ela tinha se casado e teve um filho, mas o pai não estava na vila. Isso era tudo o que eu conhecia de sua situação pessoal. Mas, certamente, ela era solteira, sempre a achei extremamente atraente, e me perguntava secretamente por que ela não tinha um homem. As mulheres huichóis são tímidas em público, junto a pessoas que não sejam de sua comunidade, e, embora eu tenha feito centenas de refeições com ela e sua grande família, trabalhado na roça com eles e participado de suas cerimônias, achei que não era apropriado naquele momento tentar um relacionamento com Xilonen, principalmente porque não queria prejudicar minha relação com os anciãos, os xamãs e a comunidade.

Aparentemente, ela leu em segredo a minha mente mais de uma vez. Nossos olhos se cruzavam, e as estrelas brilhavam em suas pupilas úmidas. Em seus olhos, eu via amor incondicional – não paixão incontrolável, nem plano ou capricho. Seu modo calmo, mas ardente, dava-me a impressão de que Xilonen era simplesmente uma extensão do corpo da terra onde eu estava deitado. Ela era uma expressão pura de poder feminino, graça e sexualidade.

Quando a vi e ela percebeu que a reconheci por quem realmente era, Xilonen não hesitou. Nós fizemos amor a noite toda, às vezes, entregues ao sexo genital, outras, apenas deitados emaranhados no corpo, na mente e no espírito um do outro. Foi tudo um ato sexual sagrado praticado em uma realidade separada de tudo o que tinha vivenciado antes. Quando acordei, ela tinha sumido. No dia seguinte, fui tomar o café da manhã na cabana do seu irmão, como sempre, e ela estava lá, como costumava fazer. Xilonen me tratou e tratou todos os outros da mesma forma, igualmente. Exceto por alguns momentos discretos, em que captei um olhar especial dela, nossa noite permaneceu nossa e não se falou mais sobre isso – não por ser segredo, apenas não havia necessidade de palavras.

O conceito do sexo sagrado apareceu na minha consciência nos meus 20anos, enquanto estudava práticas taoístas e tinha experiências com culturas xamânicas, como a da história anterior. Uma das características mais admiráveis do que chamo de sexo sagrado é a conexão do sexo com a terra. Esse conceito é quase inteiramente esquecido na mente moderna. Culturas antigas e xamânicas costumam praticar sexo ao ar livre e de tal modo que os indivíduos se conectam da forma mais sagrada a tudo ao seu redor. Assim como na minha história com Xilonen, a terra, as estrelas e o *local* tiveram tanto a ver com a experiência geral quanto a relação sexual entre nós.

Para muitas culturas xamânicas, a atividade sexual humana está diretamente relacionada com o processo contínuo da existência no lugar que as provê com vida. A atividade sexual é sagrada quando contribui com o estreitamento dos laços em uma tribo e com a fertilidade interconectada da terra, das plantas e dos animais. Quando, ou se, uma tribo não conseguisse manter o número de crianças dentro dos limites do que o seu lugar poderia prover, eles pereceriam, mudariam para um local diferente, ou aprenderiam e inventariam novos rituais e formas de lidar com o sexo. Os novos rituais eram e são práticas sexuais sagradas que não estão ligadas apenas à reprodução ou ao prazer.

O equilíbrio entre a comunidade e a natureza é primordial àqueles que vivem da terra. Nesse sentido, o equilíbrio muitas vezes significava manter a população humana sob controle, regulando a quantidade de nascimentos, especialmente os nascimentos "acidentais". As culturas tribais faziam isso, dentre outras formas, por meio da atividade sexual ritualizada.

No sexo ritualizado ou sagrado, a atividade sexual não se limita à área genital, mas inclui todo o corpo, em um êxtase completo, não limitado à insuficiência do sexo genital. É importante perceber que esse tipo de êxtase completo pode acontecer com a mesma facilidade com uma flor, um animal ou o mundo inteiro. Esse tipo de estímulo é bem diferente do usual orgasmo rápido do sexo no estilo ocidental, por demandar uma imersão prolongada em essências e energias com as quais o nosso organismo humano copula. Em termos de sexualidade humana, o sexo sagrado costuma demandar um tempo considerável para todos os sistemas interconectados do nosso organismo, incluindo o mental, o físico, o bioplasmático e o espiritual, para se sintonizarem com o lado interno em harmonia e, depois, com o lado externo, com nosso parceiro. Desse lugar sagrado, a sexualidade torna-se numinosa e nos conecta com as estrelas, os cinco elementos e toda a criação. No século VII, o filósofo e professor budista Li T'ung Hsuan explicou, durante seu comentário da técnica chamada "as mil estocadas de amor", como o sexo ritualizado pode se tornar sagrado e nos conecta com toda a natureza:

Estocadas profundas e rasas, lentas e rápidas, diretas e inclinadas, não são todas uniformes... Uma estocada lenta pareceria o movimento espasmódico de uma carpa brincando com o anzol; uma estocada rápida, o movimento de um voo de pássaros contra o vento.[14]

O sexo sagrado das culturas antigas e xamânicas satisfez muito mais do que o desejo do mundo ocidental tradicional pelo chamado "amor romântico", que é o resultado supostamente correto da monogamia. A monogamia vitalícia é algo que raramente vi em comunidades xamânicas, assim como o conceito de que uma pessoa possa satisfazer todas as suas necessidades para sempre é uma visão de mundo bem limitada e, portanto, ineficaz. Os casamentos monogâmicos nas culturas ocidentais costumam exaurir a energia do casal, bem como a da comunidade e da terra, pois eles dedicam grandes quantidades de sua energia fazendo o relacionamento "funcionar", sobrando pouco para a comunidade ou a terra. Isso se adapta direitinho com o ideal do crescimento econômico sem fim, sobre o qual se fundamentam as sociedades industriais. As quantidades de coisas para continuar fazendo funcionar nunca terminam: carros novos, novos aparelhos, novos lares, novos penteados, novo tudo.

Uma visão sagrada do sexo no mundo xamânico promove uma visão da realidade mais ampla do que a natureza codependente do casamento monogâmico. O sexo não é relegado ao canto secreto de um quarto escuro; em vez disso, é central a cada faceta da vida, pois é a coisa mais natural do mundo! A continência sexual, da qual os líderes da religião mais popular do mundo ocidental são adeptos, é um conceito estranho no mundo xamânico, e contraria os grandes ritmos da natureza e do corpo humano.

---

14. Citado na página 19 de *The Trumpeter* (vol. 4, nº 1), 1987.

Capítulo 4

Como se Tornar um Xamã

Um xamã é sempre *escolhido*. Quem ou o que especificamente faz essa escolha depende muito da cultura e do indivíduo. Em todos os casos, há sinais e profecias que são interpretados por outros xamãs, ou pelo indivíduo, quanto a se o caminho de xamã deve ser trilhado.

Aqui está um resumo de algumas das circunstâncias que poderiam levar alguém a se tornar um xamã:

- Profecias especiais no nascimento ou até durante a gravidez;
- Hereditariedade/herança familiar;
- Uma deformidade que outros xamãs considerem especial;
- Um chamado inegável e não reversível.

Xamã desde o Nascimento

Se a tribo se sentir compelida a observar uma criança no seu nascimento, após as profecias e os sinais, e se todos concordarem que ela tem o dom para ser xamã, essa pode ser uma das vidas mais rigorosas e desafiadoras que uma pessoa pode ter, porque a vida dela será de treinamento constante e, depois, de serviço contínuo. Entretanto, se a pessoa escolhida não corresponder às expectativas da comunidade para ser xamã, ela será retirada do serviço.

Na tradição maia, cada pessoa nasce em um dia correspondente a um dos 20 "senhores do dia" do calendário sagrado de 260 dias. O dia em que você nasce tem uma importância absoluta, em se tratando de como sua vida se desenvolverá e se você pode ou não se tornar um xamã. Uma criança nascida em certos dias (Ak'abal, Noj, Can, Came, Aj, E, Quej, K'anil, Ix, ou Tz'iquin) receberá um tipo especial de alma, descrita geralmente como "relâmpago".

Com esse relâmpago, a pessoa pode receber mensagens da natureza e dos mundos espirituais. No entanto, é apenas com um treinamento rigoroso que as mensagens codificadas pelo relâmpago podem ser decodificadas, e usadas na cura e na adivinhação.

Hereditariedade/Herança Familiar

Para muitas tribos xamânicas, a forma mais comum de escolha dos xamãs é por herança familiar. Nessas culturas, é também a norma ou até a lei que ditam que certos papéis como líderes, xamãs, parteiras e até mesmo ferreiros vêm das mesmas famílias, e não de outras. Nascer em uma família de uma determinada especialidade não o predispõe automaticamente, se você não tiver o talento, mas, nessas culturas, certas ocupações são sempre entregues a um ou mais membros da família.

É impossível dizer se a genética desempenha ou não um papel central para se tornar um xamã. Mas podemos ver claramente, mesmo na nossa própria cultura, que traços significativos são passados dos pais aos filhos, e esse é o caso, especialmente em relação às sensibilidades especiais e às habilidades intuitivas/psíquicas.

Um xamã experiente pode também apenas saber o que vai acontecer, como declarado por um xamã Iglulik:

> Quanto a mim, creio que sou um xamã melhor do que outros entre meus compatriotas. Ousarei dizer que eu quase nunca cometo um erro nas coisas que investigo e no que prevejo. Portanto, considero-me um xamã mais perfeito, mais totalmente treinado do que meus compatriotas, que cometem muitos erros. Minha arte é um poder que pode ser herdado e, se eu tiver um filho, ele também será um xamã, pois sei que desde o nascimento ele será dotado dos meus próprios poderes especiais.[15]

15. Holger Kalweit, *Dreamtime & Inner Space: the World of the Shaman* (Boston: Shambhala, 1984), p. 176.

É importante notar que, em muitas culturas xamânicas, a hereditariedade convive lado a lado com outras formas de se tornar um xamã, como o chamado ou a eleição pela comunidade. No entanto, em algumas culturas que aceitam caminhos múltiplos ao xamanismo, há aqueles que consideram o xamã por hereditariedade o mais poderoso.

Deformidades Físicas ou Mentais

Este critério é um pouco difícil de explicar, simplesmente por causa da grande variedade de circunstâncias envolvidas. Pode ser que no momento do nascimento ocorra, ou seja encontrado, algum tipo de anomalia no recém-nascido. Ou pode ser que se descubra que algo não está normal apenas quando a criança está crescendo. Em qualquer caso, a assim chamada anormalidade será vista por outros xamãs não tanto como um impedimento, mas como um dom especial. Conheço alguns xamãs entre os Wirrarikas que apresentam um atributo físico especial.

Um dos mais poderosos xamãs de cura que conheço, por exemplo, é um anão, ou pessoa baixa. Desde o momento do seu nascimento, ele foi treinado pelos xamãs anciãos para ser um xamã curador, pois eles o viam como tendo sido enviado para a terra especificamente para isso. Ele é casado com uma mulher de estatura natural e, exceto pelas pessoas que o procuram todos os dias atrás de cura, leva uma vida normal e feliz.

Outro exemplo é um xamã bem idoso que conheço, que recebeu uma mensagem fortíssima para se tornar um xamã quando era jovem. Aparentemente, ele estava trabalhando na roça um dia e algo aconteceu. Embora ele e eu sejamos amigos e brinquemos um com o outro de vez em quando, ele é um indivíduo tão intimidador e um xamã tão poderoso em sua comunidade que nunca tive a coragem de lhe perguntar especificamente o que aconteceu. Há várias versões da história rolando pela comunidade. O resultado, porém, é bem aparente: ele perdeu todos os dedos da mão esquerda, exceto o polegar, e, quando isso aconteceu, era canhoto. Entre outras coisas mais místicas que aconteceram com ele naquele dia, interpretou-se o presságio de que, por ter todos os seus dedos cortados, ele não teria de ser apenas um fazendeiro. E os espíritos estavam obviamente certos. Estive com esse xamã, viajando por semanas a fio, e ele é o indivíduo mais humilde e sereno, mas, quando faz seu trabalho, é um dos xamãs mais fervorosos e poderosos que já conheci.

Um Chamado Inegável e Irreversível

Para os maias das terras altas, uma pessoa que deve se tornar um xamã começa a sonhar com a mãe terra. Esses sonhos podem incluir ser perseguido por animais de grande porte, como cavalos, vacas, veados ou bois. A interpretação disso é de que os principais locais sagrados do xamã, que nos sonhos aparecem como animais de grande porte, estão chamando o iniciado para levar presentes para eles e depois para procurar um ancião para começar o aprendizado.

Muitas tribos siberianas também interpretam as intensas experiências oníricas como um chamado ao xamanismo. Existem histórias de futuros xamãs dormirem por muitos dias, ou até uma semana, aparentemente mortos ou em coma, enquanto eles recebiam seu chamado e as primeiras iniciações com os espíritos.

Um dos temas mais comum entre as tribos da Europa Oriental, bem como entre os maias, é a doença xamânica que provém do caminho xamânico. Ataques epilépticos, AVC, febre alta, entre outras doenças não diagnosticadas são típicos durante o chamado.

Entre os maias, antes de se tornar xamã, uma pessoa pode sofrer com seis tipos de doenças. O que todas têm em comum é que a pessoa fica debilitada a ponto de não conseguir controlar seu corpo e, portanto, não sair pelo mundo como costuma. A doença da "serpente" afeta os músculos em várias partes do corpo, provoca câimbras e uma dor excruciante a ponto de o indivíduo não conseguir se mexer. A doença do "estômago torcido" faz o estômago revirar constantemente, causa grande dor nos intestinos grosso e delgado, flatulência e diarreia. Acredite ou não, há até a doença da "perda do seu dinheiro", que afeta tão profundamente uma pessoa, que ela não consegue ir a nenhum lugar e não há nada que possa fazer sobre isso.

Às vezes, os "acidentes" também são interpretados como chamados. Ser mordido por um animal, quebrar ossos, cair no gelo ou de um penhasco e ficar perdido acidentalmente na floresta, mesmo se ela for familiar para você, são comuns durante os chamados.

Então existe o desejo inexplicável, que apenas aparece em algum momento para uma pessoa, de buscar a solidão, dormir em excesso, vagar na natureza por semanas a fio ou, ainda, viajar para uma terra distante em busca de algo. Esse tipo de chamado pode ser para outras coisas, e não apenas para se tornar um xamã, mas uma mudança espontânea na atitude, de se distanciar da interação social e buscar uma exploração interna (de si mesmo) e externa (da natureza e do cosmos), tem sido um tipo distinto de chamado xamânico por milênios, e é um que muitas pessoas na nossa cultura estão sentindo agora. Relâmpago no sangue...

Iniciação Xamânica

A iniciação xamânica é um assunto complexo, em razão de variáveis como cultura, personalidade, especialidade, conhecimento, intensidade, entre muitos outros fatores. Comecemos revendo algumas das circunstâncias comuns à experiência:

- Doença;
- Sofrimento;
- Morte do ego;
- Esquartejamento/reconstituição;
- Autocura;
- Ressurreição;
- Purificação;
- Jejum;
- Vômito/diarreia;
- Dor;
- Isolamento;
- Exaustão extrema;
- Experiências extracorpóreas;
- Confusão psíquica;
- Encontro com espíritos, tanto da natureza como humanos;
- "Casamento" com um espírito ou divindade;
- Enteógenos vegetais;

- Ver-se ou sentir-se como um esqueleto ou ossos sem carne;
- Transferência de poder de um xamã vivo ou morto;
- Ser despedaçado por xamãs ou espíritos mais velhos;
- Ter o cérebro retirado do crânio, purificado e reinserido;
- Pó de ouro soprado nos olhos;
- Cristais, pedras e/ou conchas inseridos no corpo e na cabeça;
- Atos repetidos realizados por dias, meses ou anos: esfregar duas pedras, esfregar as bochechas, tocar tambor, entre muitos outros;
- Ser comido por um animal e vomitado de volta;
- Monotonia extrema e solidão, a ponto de não ter mais qualquer conexão com este mundo;
- Vermes devorando a carne do iniciado, enquanto ele ou ela está deitado sobre o solo ou enterrado;
- Deitar-se em um cemitério ancestral, ou até sobre um túmulo específico, por muitas noites, pedindo pela ajuda dos espíritos dos mortos;
- Ficar em um campo aberto por muitos dias em todos os elementos, pedindo orientação;
- Conscientizar-se de nossa pequenez individual para se conectar de uma forma mais elevada com o universo;
- Viver na selva em união com a natureza;
- Atingir estados alterados na frente ou dentro de cavernas;

> *Quando eu estava para me tornar um xamã, escolhi sofrer as duas coisas que são mais perigosas para nós humanos, sofrer com a fome e sofrer com o frio. Primeiro, jejuei por cinco dias e então pude beber um gole de água morna... Em seguida, jejuei por mais 15 dias, e de novo recebi um gole de água morna. Depois disso, jejuei por dez dias, e então pude começar a comer.*
>
> (XAMÃ ESQUIMÓ CARIBOU, CITADO EM RASMUSSEN, *INTELLECTUAL CULTURE OF THE HUDSON BAY ESKIMOS [CULTURA INTELECTUAL DOS ESQUIMÓS DA BAÍA DE HUDSON]*, p. 52)

- Sonhar com espíritos matando o iniciado em um ritual com lanças no peito ou na cabeça, ou sendo esquartejado e fervido;
- Estripar e trocar os órgãos internos ou o cérebro no plano espiritual;
- Receber palavras e idiomas secretos, além de canções, cânticos ou ritmos sagrados;
- Interação extrema e prolongada com o vento, a água e/ou o fogo;
- Marcação do iniciado com cicatrizes ou tatuagens pelos outros xamãs;
- Convulsões tão severas que você precisa ser amarrado;
- Mensagens de animais;
- Caça de animais por couro para fazer roupas e trajes xamânicos, e para adquirir a energia sanguínea e o espírito do animal;
- Oferendas de sangue para a mãe terra e os espíritos (o sangue menstrual está sendo mais usado agora por mulheres modernas por razões mais energéticas, e é de graça);
- Esfolamento da pele, contagem de ossos e descoberta de um osso a mais, ou extra, no corpo, que dizem ser a marca de um xamã;
- Conversa com os espíritos dos mortos ou outros espíritos que aparecem em várias formas, tais como pessoas, animais, gnomos, fadas, anjos, demônios, espíritos das trevas, trapaceiros e assim por diante;
- Percepção de outras dimensões da realidade, ver o futuro ou visitar mundos paralelos.

Como podemos ver, há uma vasta gama de circunstâncias e atividades no campo da iniciação xamânica, e não é para os fracos de coração ou estômago. O princípio básico e subjacente é o fenômeno Doença/Morte/Renascimento. Esse ciclo de "morte e ressurreição" é o rito de passagem do xamã para um novo modo de pensar, agir e ser. Desprende-se da vida antiga e a nova começa. Por isso, é comum que, depois da iniciação, o xamã receba um novo nome. Todos podem ver que essa não é a mesma pessoa que antes, porque não é. Não é incomum para a pessoa voltar falando um novo idioma, uma linguagem secreta dos espíritos. Canções, cânticos, além de objetos e símbolos sagrados, também podem ser trazidos de volta como ferramentas da nova vocação do xamã.

Para ser perfeitamente claro, uma iniciação xamânica autêntica é usada para desmantelar todas as ideias prévias do futuro xamã sobre o mundo e seu lugar nele. O despojamento de todos os hábitos, atitudes e respostas típicas aos estímulos é o objetivo para que possa surgir uma nova forma de ser, o Verdadeiro Eu do xamã. A iniciação pode acontecer espontaneamente em algum ponto depois de ele ser escolhido, ou ser conduzida por um ou mais xamãs mais velhos em um lugar e tempo específicos. Em qualquer caso, o futuro xamã deve estar disposto a passar por uma verdadeira morte psíquica de quem é, não apenas uma morte imaginária ou simbólica.

Estive doente e sonhando. Nos meus sonhos, eu era levado ao ancestral e cortado em pedaços em uma mesa preta. Eles me cortavam e então me jogavam em um caldeirão e eu era cozido. Havia alguns homens lá: dois pretos e dois brancos. Seu cacique também estava lá. Ele deu as ordens a meu respeito. Eu via tudo isso. Enquanto os pedaços do meu corpo eram fervidos, eles encontraram um osso em volta das costelas, que tinha um buraco no meio. Esse era o osso a mais. Isso me levou a me tornar um xamã. Porque só podem se tornar xamãs aqueles em cujo corpo tal osso pode ser encontrado. A pessoa olha pelo buraco desse osso e começa a ver tudo, saber tudo e é aí que a pessoa se torna um xamã...

(XAMÃ SAGAY, CITADO EM DIOSZEGY, *TRACING*)

A doença ou crise do xamã não é uma enfermidade comum, mas sim uma doença sagrada que não pode ser diagnosticada pela medicina ocidental, por ser induzida pelos espíritos, e só pode ser curada de dentro para fora pelo próprio xamã. Xamãs costumam ser chamados de curadores feridos, mas, como Joan Halifax observou com astúcia, o xamã é um curador curado. E nós devemos nos lembrar também de que, durante o período de iniciação, o iniciado não só luta por sua vida física e mentalmente, mas também com o fato de que, se ele viver, sua jornada como um xamã acaba de começar, e as novas demandas colocadas sobre ele mudarão sua vida para sempre.

A doença ou crise neste nível são vistas mais como uma purificação do que como uma moléstia debilitante, uma ocorrência positiva, em vez de um infortúnio negativo. A doença/crise não é encarada como uma interrupção na vida da pessoa, como nós normalmente veríamos uma doença, mas como um tempo no qual uma purgação da alma leva então à expansão da consciência e à entrada em novas dimensões da realidade.

Muitas vezes, a iniciação xamânica é uma experiência extracorpórea. O futuro xamã que passar com sucesso por esses tipos de experiências muda para sempre. Com o corpo físico deixado para trás, a consciência fica livre para voar para novas e distantes terras de conhecimento e percepção. A consciência do xamã voa para a beira da existência. De agora em diante, o mundo do xamã é para sempre um paradoxo: enfim, ela é livre, mais livre do que muitas pessoas poderiam imaginar e, mesmo assim, agora também está presa, pois, com seu conhecimento expandido, ela é obrigada a servir à comunidade humana pelo resto da vida.

Capítulo 5

Conquista de Poder

Como vimos, uma pessoa pode ser escolhida para se tornar um xamã por muitos motivos – cultural, individual e pela insistência dos espíritos. Depois de o futuro xamã passar pela iniciação, dependendo da intensidade do martírio, a transformação é muitas vezes tão grande, que uma quantidade significativa de "poder" já teria sido acumulada pelo xamã desde a magnitude absoluta de conseguir fazer a travessia para uma nova dimensão de existência. As possibilidades, em termos de percepção, agora são ilimitadas, e esse é realmente um lugar de força e poder.

Mas a jornada para o xamã não acaba depois de passar pela iniciação. Ele agora deve adquirir o poder para cumprir com seu chamado e acumular as ferramentas do seu ofício. Como afirmou o xamã Lame Deer (Veado Manco):

> Homem nenhum sonha com todos os remédios. Você trata onde você sabe que tem o poder. Você não o herda; você trabalha por isso, jejua por isso, tenta sonhar com isso, mas nem sempre o sonho vem. É verdade que algumas famílias produzem uma linhagem de bons remedieiros, e ajuda ter um homem santo entre seus parentes que o ensine e tente passar seu poder para você. Funciona às vezes, mas nem sempre. Remedieiros não são cavalos. Você não os cria. Você pode dar um carro para um menino de presente e ensiná-lo a dirigir, mas, se não tiver gasolina no tanque, o aprendizado e o carro não adiantam de nada.[16]

16. John Lame Deer e Richard Erdoes, *Lame Deer: Seeker of Visions* (New York: Washington

Quando meu tio (xamã) estava morrendo, ele pediu para meu pai assumir seu poder. Ele queria que meu pai tivesse o poder para medicar. Ele pediu para o meu pai sonhar com o poder e receber instruções para medicar dessa forma. No dia seguinte, meu tio morreu. Logo depois disso, meu pai começou a ter sonhos. Meu tio aparecia nesses sonhos. Ele aparecia todas as noites em sonhos. A cada vez ele vinha de uma forma diferente... Depois disso, meu pai se tornou um xamã poderoso... Meu pai morreu há uns 20 anos. Quase 15 anos depois, quando eu tinha 50 anos, meu pai começou a aparecer para mim em sonhos. Ele trouxe seu poder para mim.

(XAMÃ PAVIOSTO,
CITADO EM PARK)

O ponto crucial do que Lame Deer sugere é que, embora uma pessoa possa ser inerentemente predisposta a ser um xamã por meio da hereditariedade ou herança familiar, cada xamã, por herança ou não, precisa fazer seu próprio trabalho para agregar sua própria conexão pessoal com os espíritos e a união com uma realidade multidimensional. O xamã deve ter a intenção irredutível de "estimular" sua conexão com o mundo espiritual para receber os ensinamentos médicos e o poder de curar.

Vida Honrada – Trilhando o Caminho da Beleza

Os xamãs que fazem um serviço positivo para a comunidade, ao contrário dos xamãs-feiticeiros, que são maliciosos e egocêntricos, trilham o caminho do que o povo Navajo chama de "caminho da beleza". Esse é o caminho do verdadeiro poder originário da união com a criação. Embora por toda a história moderna o xamã tenha sido caracterizado por alguns como um psicopata neurótico ou impostor profissional, a grande maioria dos xamãs tribais que conheci durante o curso da minha vida foram as pessoas mais sãs, humildes e respeitadas em suas comunidades. Depois de verem uma visão expandida da realidade, eles vivem em equilíbrio e de acordo com a criação. Chamo essas pessoas especiais de xamãs arco

Square Press, 1972), p. 164.

-íris, pois emitem o espectro completo da energia deste e do outro mundo para aqueles ao seu redor.

Todos nós temos energia, poder, dentro de nós. Temos o poder para criar, temos o poder para destruir. O modo como administramos nossas vidas cotidianas é o que realmente determina a quantidade de energia disponível que possuímos. No caso dos xamãs, sejam eles escolhidos por hereditariedade ou por algum outro meio, acima de qualquer outra coisa, o xamã é uma pessoa com habilidades intelectuais e psicológicas marcantes que são reconhecidas cedo e florescem durante sua vida. Em geral, os xamãs são curiosíssimos, e têm uma competência extraordinária para memorizar canções, cânticos, histórias e mitos complexos. Os mais poderosos levam vidas honestas que os iluminam, e lançam luz aos mistérios sombrios da alma humana e às realidades dos outros mundos. Os xamãs mais antigos e mais poderosos que conheço não jogam conversa fora nem perdem tempo com rumores; em um ambiente social, eles vão, na maioria das vezes, sentar-se quietos, preferindo ouvir a falar ou fazer piadas. Eles estão sempre interessados em aprender sobre tudo o que for desconhecido ou incompreensível, visitar lugares novos e preservar as tradições do seu povo. Trilhar o caminho da beleza é

Com alegria os velhos homens o estimarão
Com alegria as velhas mulheres o estimarão
Homens e mulheres jovens o estimarão
As crianças o estimarão
Os chefes o estimarão
Com alegria enquanto eles se dispersam em
diferentes direções
eles o estimarão
Com alegria enquanto chegam a suas casas eles o estimarão
Que seus caminhos para o lar sejam
Uma trilha de paz
Que com alegria eles todos retornem
Na beleza eu caminho
Com beleza diante de mim eu caminho
Com beleza atrás de mim eu caminho
Com beleza ao meu redor eu caminho
Com beleza acima de mim e em volta de mim eu caminho
Ele é finalizado na beleza
Ele é finalizado na beleza

(CÂNTICO INDÍGENA NAVAJO DE MATTHEWS, p. 143-145)

como os xamãs continuam a desenvolver e espalhar sua marca sagrada de conhecimento.

Canções de Poder

De onde as canções vêm? Uma canção pode ser composta como resultado de uma experiência que podemos ter, de uma emoção ou sentimento, para contar uma história ou apenas para entreter. Ela pode surgir espontaneamente dos nossos corações ou até vir em um sonho.

No mundo xamânico, uma canção também pode vir do mundo espiritual, dos espíritos dos mortos, dos animais e das forças da natureza. Essas são as canções de poder, e, em todas as culturas ao redor do mundo, elas são o foco central de muitos xamãs. Nos níveis mais profundos, o xamã não mais canta a canção, a canção está cantando o xamã.

Essa é uma experiência transpessoal de união com o que é cantado. A canção alcança e estabelece uma conexão entre o xamã, no mundo material, e os mundos dos outros níveis de consciência. Ajuda o xamã a percorrer a árvore mundial e a jornada por informação e cura.

Os xamãs huichóis ingerem o cacto peiote para atingirem estados alterados de consciência, nos quais eles "ouvem" a voz do Avô Fogo, do peiote, e de outros seres visíveis e invisíveis. É comum durante as cerimônias desse povo que o xamã tenha assistentes sentados ao seu lado ao redor do fogo. Esses assistentes costumam ser outros xamãs ou aprendizes, e seu trabalho é responder ao xamã os refrãos do que ele canta durante as pausas. Isso ocorre, principalmente, porque, enquanto o xamã canta/entoa um cântico, ele está viajando psiquicamente e sendo usado como um canal para o espírito, e não sabe o que entoa. Sabe o que passa por ele, ouvindo seus assistentes respondendo-lhe o que ele cantou. Esse processo pode parecer estranho para nós, mas é completamente normal para os xamãs huichóis, que podem passar três dias e noites inteiros envolvidos nesse cantar/entoar cânticos com os espíritos.

Da mesma forma, os xamãs da América do Sul que ingerem o chá de ayahuasca, como os Yaminawás no Peru, consideram o aprendizado para ser um xamã como aprender a cantar por meio dos espíritos (*yoshi*). Eles não têm o conceito do que nós consideraríamos ser "mente" – isto é, uma entidade discreta, ou celeiro de pensamentos e experiências, que é separada do mundo e de tudo o que existe. Para eles, *yoshi* engloba tudo, incluindo todas as características humanas, pensamentos, natureza e espíritos.

Sob a influência norteadora do chá ayahuasca, o xamã aprende as canções dos *yoshis,* que lhe transmitem seu poder de curar, bem como um lugar para guardar seu conhecimento. As canções dos xamãs e a linguagem metafórica do *yoshi* que entoa vocalizações e ritmos poderosos servem para enfileirar imagens verbais poderosas, bem como poder ao sopro do xamã. É esse sopro poderoso – que xamãs experientes podem usar até sem a ajuda do chá – que é utilizado quando o xamã Yaminawá "sopra" as canções no paciente durante as sessões de cura.

Dança Sagrada

As gravuras de xamãs dançando mascarados, encontradas em cavernas paleolíticas, fornecem pistas sobre há quanto tempo o movimento rítmico dos nossos corpos é usado como uma forma de arte sagrada. As incontáveis formas de dança que vêm sendo utilizadas há milênios para expressar relacionamentos entre seres e entidades vivendo na Terra, e para se conectar com forças espirituais ainda maiores, são atividades bem mais antigas do que uma religião organizada. Até hoje, as culturas xamânicas abrangem a cooperação entre os seres humanos, as grandes forças do cosmos e os espíritos ancestrais da tribo por meio da dança ritualística. Durante a dança sagrada, os dançarinos se transformam em seres de um mundo expandido; pensamento e ação se fundem, e os dançarinos se tornam a personificação das misteriosas forças da criação.

Uma das minhas primeiras experiências de dança sagrada mudou minha vida para sempre. Dentro do grande e redondo edifício cerimonial huichol chamado *kaliway,* que para eles é um modelo do universo, senti uma união com toda a criação. Com 50 ou mais huichóis sendo conduzidos em um movimento rítmico pelos xamãs e músicos tocando tambores, guitarras e violinos artesanais em um círculo em volta da fogueira sagrada, deixei-me levar a uma visão expandida da realidade.

Com muitas horas me movimentando ritmicamente ao som das batidas do tambor e de outros instrumentos, transformei-me na pulsação da terra e de tudo ao meu redor. Conectando-me ao fogo central e às estrelas acima do teto aberto do *kaliway*, tudo se tornou um. As outras pessoas na dança circular, o movimento pulsante e a música, o horizonte giratório, a terra, o fogo e o céu – todos unidos em um espaço sagrado atemporal onde não há frente nem trás, início ou fim. Não existe ordem, mas também não existe confusão; tudo se tornou uma só mente, um corpo complexo, indiviso e indiferenciado; tudo se fundiu em um círculo da vida girando em uma espiral.

Isso é ao que o famoso xamã Sioux Lame Deer se referia, quando disse: "Dançar e rezar – são a mesma coisa". Danças sagradas, como a Dança do Sol Sioux, a Dança Kachina do povo Hopi ou a Dança do Veado dos Pueblos são todas formas de unificar a autoexpressão com a autoentrega. Esses são exemplos harmoniosos de cooperação entre seres humanos e as maiores forças do cosmos. Para essas e muitas outras culturas xamânicas, a dança sagrada induz a um transe visionário, no qual indivíduos e grupos entram em estados alterados de consciência. Para o xamã, isso significa muitas vezes se comunicar ou acessar outros mundos tão reais quanto aquele que nós tomamos como certo. Depois de retornar dessas jornadas, o xamã traz informações e conhecimento do desconhecido misterioso, e ganha poder e força para realizar seus deveres.

Busca por Visão

Nos dias anteriores ao uso de plantas medicinais, como peiote e datura, como meios de acessar visões xamânicas, os povos da América do Norte recorriam ao sofrimento induzido, à privação e à solidão na mata para invocar os espíritos visionários que os ensinariam a se tornarem xamãs. Uma pessoa jovem viajaria sozinha para uma área remota, onde os antigos xamãs sabiam que os espíritos da natureza eram fortes e vívidos. Poderia ser uma floresta densa, o topo de uma montanha, um pântano ou qualquer outra área remota em que os espíritos viviam. Nesse lugar, a pessoa ficaria por vários dias e noites em jejum de alimento e água, com nada além de uma tanga para suportar tudo o que a Mãe Natureza e os espíritos lhe reservavam.

Na solidão e fora da esfera da vida na aldeia, o iniciado se sentava em silêncio e sozinho, jejuando, com o corpo nu aos elementos, aberto e querendo receber qualquer coisa que estimulasse a mente, o corpo e o espírito. Nesse lugar, intencionalmente, o iniciado não tinha nada. Desprovido de roupas, bens materiais e da proteção da família e da tribo, ele era forçado a aprender e mergulhar fundo em seus próprios recursos físicos e psíquicos para lidar com os perigos de animais selvagens, tempestades, fome, sede e tédio. Nessa posição, o xamã em potencial está completamente livre das preocupações sociais normais da vida cotidiana e, aos poucos, à medida que o iniciado se torna cada vez mais esvaziado de carências e pensamentos centrados no ser humano, as habilidades ocultas da psique surgem e a consciência do iniciado se expande para perceber que a consciência está em todo lugar ao seu redor. Quando isso acontece, chegou a hora da visão.

Visões adquiridas dessa maneira não devem ser confundidas ou relegadas apenas aos processos internos da mente, porque o que acontece aqui é uma expansão da consciência, pela qual os itens e as energias do mundo, vistos normalmente como externos ao organismo humano, agora são encarados como parte de um *continuum* que inclui o que é interno e externo ao xamã. Em outras palavras, não existe dentro ou fora da cabeça ou da mente. Essas duas realidades se unem e são ligadas pelo que poderíamos livremente chamar de consciência. Nesse estado visionário, há pouca ou nenhuma separação percebida entre os diversos tipos de seres vivos. As plantas acenam e reconhecem o xamã visionário, enquanto animais, insetos e aves entregam mensagens. Nesse estado visionário, as linhas da conversa não verbal são abertas, e se escancara um diálogo entre o xamã e outras espécies no ambiente. As possibilidades de comunicação se tornam ilimitadas.

Em meu livro anterior, *Ecoshamanism,* apresento instruções detalhadas a respeito de como alguém pode vivenciar a cerimônia de busca da visão. Provavelmente, a lição mais importante para as pessoas modernas nessa cerimônia é permanecer abertas para tudo o que acontecer e não esperar nada. As primeiras vezes em que fui para um local ermo, jejuei por três dias e noites (ou mais), e minhas lições vieram dos lugares mais inesperados. A primeira foi do ataque contínuo de enxames de moscas e mosquitos. Eles levaram a minha paciência até o limite absoluto, o que serviu depois para me dar uma novíssima forma de olhar para mim mesmo e o mundo. Quando finalmente consegui acalmar a minha luta interna e minha batalha física com os insetos voadores, meia hora depois, um vento soprou e eles se foram.[17]

Uma das minhas últimas experiências de busca da visão foi bastante mística e esclarecedora. Eu jejuava em uma floresta decídua de grandes carvalhos, e a quente luz do Sol se projetava sobre a floresta, enquanto eu estava sentado contra uma árvore bem velha. Sem perceber, adormeci e comecei a sonhar com o veado azul mágico que vive no deserto de peiotes sagrados dos Wirrarikas. Encontrei e falei com esse espírito especial perto do fogo algumas vezes, enquanto estava em peregrinações com os Wirrarikas, então não foi uma surpresa esse espírito ter vindo a mim nos meus sonhos.

O surpreendente foi que, quando acordei e abri meus olhos, havia uma única fêmea de veado cheirando meus pés! Fechei rápido os meus olhos para não a assustar e, então, comecei a examinar essa criatura extraordinária por entre minhas pálpebras semicerradas. Esse era um comportamento completamente anormal para o animal, pois os veados são conhecidos por serem tímidos com os seres humanos. Enquanto eu a observava de maneira sorrateira, ela ficou ao meu lado e lentamente percorreu com sua cabeça dos meus pés ao meu corpo, e tocou seu nariz em meu rosto. Foi incrível.

Por instinto, usei minha experiência de trabalhar com cães (no passado, abriguei cães para uma organização de resgate local), abri meus olhos bem devagar e usei uma técnica de piscadelas controladas e programadas, que acalma os animais, por parecer que você está com sono e em um estado bem relaxado. No fim das contas, a fêmea me olhou nos olhos, e consegui mantê-los totalmente abertos sem que ela fugisse, o que foi completamente incrível depois, mas naquele momento pareceu perfeitamente natural.

Foi só permanecer muito calmo e irradiando paz e gratidão para conseguir manter a fêmea de veado comigo por nem sei quanto tempo.

17. Resumido de *Ecoshamanism*, p. 215-224.

Os veados naquela área são bem cautelosos e sentem medo das pessoas, em parte por causa da temporada de caça anual. Mas, de alguma forma, ela conseguiu perceber que eu não era uma ameaça, e claramente entregou para mim a mensagem de que todos nós podemos conviver em paz, se não vivermos com medo um do outro; que todas as espécies têm seu nicho neste mundo e que nós, seres humanos, precisamos reencontrar o nosso.

Em certo momento, ela se afastou lentamente e se deitou a cerca de nove metros de distância de mim, onde permaneceu na maior parte da tarde. Passar essas próximas horas tão perto dela me deu calma e intensificou minha compreensão da floresta, algo que eu raramente tinha antes, foi um presente maravilhoso. No fim, ela se levantou e caminhou casualmente pela floresta até que eu mal conseguia vê-la e, logo antes de desaparecer, ela se virou e olhou para mim, como se dissesse adeus. Com uma lágrima no olho, agradeci-lhe pela lição.

Em outras buscas, minhas lições vieram de aranhas, formigas, várias espécies de pássaros, árvores específicas, esquilos, do sol, do vento e da água, entre muitas outras entidades, poderes e espíritos da natureza. É minha esperança sincera que o atual reflorescimento do interesse no xamanismo estimule as pessoas a embarcarem em suas próprias buscas por visões na natureza. Não existe nada igual a isso.

Capítulo 6

Vamos Falar sobre Espíritos

No âmago do xamanismo estão o conceito e a crença em almas e espíritos. Podemos explorar esse tópico complexo de várias maneiras, mas, para facilitar a discussão, alternarei entre essas duas palavras. Uma abordagem é perceber que o xamanismo pode ser definido como uma prática animista. O animismo é um sistema de crença que atribui "espírito" ou "alma" não apenas a seres humanos, mas também a animais, plantas, árvores e, em alguns casos, até a lugares e a fenômenos naturais, como vento e fogo.

Embora o animismo não seja uma religião no sentido clássico, os conceitos de alma e espírito são encontrados em quase todas as religiões mundiais. Em um sentido geral, até mesmo as religiões judaico-cristãs e islâmicas podem ser vistas como animistas, embora costumem atribuir alma apenas aos seres humanos. Historicamente, a crença de que apenas os seres humanos têm alma levou muitas das grandes religiões organizadas do mundo a menosprezarem as culturas animistas, que colocam alma e espírito fora da esfera puramente humana. Até recentemente, com uma mudança na consciência na direção do holismo, culturas com práticas espirituais que atribuíam espíritos ou almas a todas as entidades físicas foram consideradas pelo mundo ocidental como primitivas e menos evoluídas ou sofisticadas.

Para aqueles com uma mente aberta, o animismo pode ser visto como um modo perfeitamente natural com o qual nossos ancestrais caçadores-coletores teriam visto o mundo e tentado explicá-lo. Uma das principais funções da religião é oferecer uma explicação do universo e do porquê de estarmos aqui. O homem ter desenvolvido o conceito dos humanos com uma alma e então, naturalmente, ter estendido essa crença a outros seres foi visto pelo pai da psicanálise, Sigmund Freud, como uma forma de o homem antigo tentar explicar o sono, os sonhos e a morte.

Vários níveis de inconsciência são simplesmente vistos por muitas culturas como a falta de alma. Para os seres humanos, isso poderia até acontecer durante o sono. Xamãs de todo o mundo acreditam que, na verdade, nós temos mais de uma alma e que, durante os estados de transe, e enquanto estamos em sono profundo, uma delas viaja para outras dimensões da realidade, ou mundos, enquanto a alma do nosso corpo físico fica aqui.

Provavelmente, a melhor explicação para a crença em espírito e alma, e por que eles não se limitam apenas aos seres humanos, é que, durante o sono, visitamos pessoas vivas e mortas, animais, e viajamos para locais onde estivemos no nosso passado, ou até para outros onde ainda não estivemos nos nossos sonhos. Lembrar os

Antes de começar, o xamã explicou que tinha alguns ajudantes. Havia o espírito do seu falecido pai e o espírito assistente deste, um gigante com garras tão longas, que poderia cortar um homem ao meio apenas com um arranhão; e então havia uma figura que ele mesmo havia criado de neve fofa, moldada como um homem – um espírito que aparecia quando ele chamava. Um quarto e misterioso espírito assistente era Aupilalanguaq, uma pedra extraordinária que ele encontrou uma vez quando caçava caribus; ela se assemelhava a uma cabeça e um pescoço e, quando ele atirou em um caribu perto dela, ele colocou nela uma faixa feita com os longos pelos do pescoço do animal. Ele estava agora prestes a invocar esses ajudantes, e todas as mulheres da vila se reuniram em um círculo e o encorajavam.

(XAMÃ ESQUIMÓ COPPER, CITADO EM RASMUSSEN, 1932, p. 56-61)

sonhos e o aparecimento de outros seres neles não pode ser considerado algo que existe só na nossa mente inconsciente. Muitas vezes, nos sonhos, nós temos premonições ou informações sobre um evento atual específico que nossa mente consciente desconhece, como um acidente trágico ou a morte de uma pessoa distante.

Uma conclusão que se pode tirar disso é que *algo* sai de nós durante o sono, estados de transe e outras formas de estados alterados de consciência. Além disso, o aparecimento de um parente, amigo ou inimigo falecidos, ou de um animal selvagem morto em uma caçada, ou até de um animal de estimação que já nos foi querido, dá o ímpeto para acreditar que esses seres, que não estão mais vivos fisicamente, têm *algo* que pode viajar até nós por vários motivos. Em alguns casos, o "algo" pode aparecer como fisicamente sólido como você e eu, em outros, como algo mais etéreo e, às vezes, um espírito ou alma agirá sobre nós sem ser visto, quer percebamos ou não naquele momento.

A doença também costuma ser atribuída a uma falta de espírito ou alma. Nas culturas xamânicas, especialmente, dizem que uma alma deixa o corpo de uma pessoa até quando o corpo ainda está vivo, deixando a pessoa doente, delirante ou indiferente. O espírito de uma pessoa poderia deixar o corpo por vários motivos, incluindo privação severa de sono, alimento ou água; doença ou coma; trauma psicológico ou físico; uma experiência de quase morte; a ingestão de drogas psicoativas ou enteógenos vegetais; e vícios graves em álcool ou outras substâncias que causam dependência.

Historicamente, um dos trabalhos mais comuns do xamã é trazer de volta a alma de um indivíduo quando esta deixou o corpo, pela razão que for, e ela está vagando por aí. O xamã entrará em um estado alterado de consciência e viajará para encontrar a alma e convencê-la a voltar. Essa prática xamânica de recuperação da alma ganhou muita popularidade entre as pessoas de nossa época interessadas no xamanismo, e até criou sua própria indústria de livros, cursos, seminários e curadores que cobram pelas recuperações.

Às vezes, o animismo é visto como uma religião, mas outros argumentariam que não é. Esse tópico tem muito a ver com o culto. Para algumas culturas que vivem em um mundo repleto de espíritos, é perfeitamente natural eles serem companhias, aliados, amigos ou até inimigos. Mas esses espíritos não são cultuados no sentido tradicional como um deus ou uma divindade seriam. Em termos de animismo e xamanismo, uma pessoa ou cultura poderia ser politeísta (ter muitos deuses) ou monoteísta (a crença em um deus único) e ainda ser animista, dependendo de como, quem ou o que estiver sendo cultuado de fato. Em muitos casos, as crenças animistas andam de mãos dadas com outras crenças religiosas, visto que os espíritos são reconhecidos, mas não são vistos como criador(es), como um(uns) deus(es) seria(m).

Por outro lado, há culturas xamânicas e animistas que tratam os espíritos como fariam com um deus ou uma divindade ou, pelo menos, como uma manifestação divina que vale a pena ser cultuada; isso pode ser visto como uma religião complexa ou culto dos espíritos. Nesse caso, as pessoas rezariam para esse monte de espíritos, fariam oferendas a eles frequentemente e rogariam a eles por coisas ou situações – em outras palavras, ocorreriam muitas das atividades triviais que atribuímos à religião.

Essa distinção é importante quando falamos sobre xamanismo, simplesmente porque, se uma sociedade xamânica acredita ou não em um ou muitos seres supremos, eles sempre se relacionam com os espíritos locais ao seu redor, especialmente aqueles que os suprem com vida: abrigo, alimento, água, ar, fogo, etc. No mundo xamânico, tudo está cheio de espírito e merece respeito. Os seres humanos são uma parte da natureza, não são superiores a ela. É uma atmosfera holística, em que tudo está interconectado: mente, matéria ou espírito.

Xamanismo e os Espíritos da Morte

Os seres humanos são provavelmente a única espécie na Terra que se aflige com a morte. Muitas vezes, ficamos preocupados com o que nos acontecerá depois de morrermos. Especialmente à medida que envelhecemos, começamos a pensar cada vez mais em nunca mais ver nossos entes queridos e amigos de novo, depois de morrermos, pois esta é a única coisa com a qual podemos contar com certeza: em algum ponto, nosso corpo físico deixará de funcionar. Às vezes, nós até nos perguntamos por que de fato nós viemos parar aqui, afinal.

Nós sabemos que os homens falecem por idade, doença ou acidente, ou porque uma outra pessoa tirou sua vida. Tudo isso nós entendemos. Algo é quebrado. O que não entendemos é a mudança que acontece em um corpo quando a morte toma conta dele. É o mesmo corpo que andou entre nós, e estava vivo e quente e falava como nós, mas, de repente, lhe roubaram um poder, pela falta do qual ele se torna frio, rígido e apodrece. Portanto, dizemos que um homem está doente quando ele perdeu uma parte de sua alma, ou uma de suas almas; pois alguns acreditam que o homem tem várias almas. Se, então, essa parte da força vital de um homem não for restituída ao corpo, ele deve morrer. Por isso dizemos que um homem morre quando a alma o deixa.

(XAMÃ IGLULIK, CITADO EM RASMUSSEN, *ESQUIMÓS IGLULIK,* p. 116)

Essas sensações e pensamentos intensos nos levam a buscar respostas e verdades sobre a morte. Se, quando morrermos, tudo a nosso respeito terminar abruptamente, então a vida parecerá ter pouco sentido. Essa é uma circunstância que deu origem na mente humana à noção ou à crença de que há mais na vida e no mundo do que aparenta – que existe um lugar para onde nós (nossa alma ou espírito) vamos quando morrermos e que nossa alma é eterna.

Desde tempos imemoriais, esse tópico tem sido um mistério e uma preocupação para os seres humanos, e leva a muitas questões sobre nossa existência, tais como:

- Eu tenho uma alma que continua a viver depois da morte do meu corpo?
- Se sim, por quanto tempo ela vive? Ou a minha alma é eterna?
- Para onde ela vai?
- Como ela é?
- O que ela fará?
- Eu reencontrarei meus entes queridos na vida após a morte?
- A minha alma vai para o mesmo lugar que a de todos, ou existem lugares diferentes, como céu ou inferno?
- As almas retornam em outro corpo físico recém-nascido?
- Existem almas que ficam presas neste plano físico e não conseguem passar para o próximo plano?

- A minha alma pode voltar para visitar as pessoas aqui depois de passar para outro plano?

Essas perguntas são respondidas de incontáveis formas por religiões, tradições espirituais e campos filosóficos da humanidade. Alguns acreditam que a noção de uma alma eterna é apenas uma doce ilusão causada por um pensamento egocêntrico – de que nossos egos inflados não conseguem aceitar o fato de que nós simplesmente deixaremos de existir com a morte, então, inventamos coisas para nos sentirmos melhores. Ou há a abordagem agnóstica geral, que defende que uma vida após a morte e a existência de Deus – ou, aliás, a *realidade* – são desconhecidas ou, dependendo da forma de agnosticismo, inerentemente incognoscíveis.

Outros, provavelmente a maioria dos humanos, acreditam de uma forma ou de outra em espíritos, em almas e em uma vida após a morte por vários motivos. A crença em uma vida após a morte pode ser desmembrada em duas categorias principais. A primeira se relaciona com observação humana e filosofia. Aqui temos relatos reais de pessoas que alegam terem visitado ou visto a vida após a morte; e estudos científicos sobre experiências após a morte, experiências extracorpóreas, o teste de pessoas que alegam ser médiuns, a análise de gravações como o fenômeno de voz eletrônica, a projeção astral, a reencarnação e diversos outros ramos de estudo que, em geral, estão agrupados sob a égide da parapsicologia.

Filósofos também contribuíram com a categoria da observação, mas há ramos da filosofia demais para abordar aqui. Um dos ramos filosóficos mais pungentes para a nossa discussão indaga qual é o sentido da vida:

- Qual é a origem da vida?
- Qual é o sentido da vida?
- Por que estamos aqui?
- Qual é a natureza da realidade?
- Qual é o propósito da (ou na) vida?
- Qual é a importância da vida?
- O que é significativo ou valioso na vida?
- Qual é a razão para viver?

Essas questões filosóficas originam-se, fundamentalmente, da lógica de que não fomos criados apenas para sobreviver, ou só por acidente, mas que a vida tem um *sentido*. Isso corresponde à vida após a morte porque, se houver um sentido para a vida, por que ela terminaria com a morte do nosso organismo humano?

A segunda categoria principal que lida com a vida após a morte é aquela das crenças e dos ideais fundamentados na fé. Essa fé baseia-se em histórias e nos registros das vidas de profetas e em textos religiosos de todo o mundo, incluindo a Bíblia do Cristianismo e do Judaísmo, o Alcorão do Islã, o Talmude rabínico, o Vedas hindu, o Tripitaka budista, entre outros.

As grandes religiões mundiais diferem muito em se tratando de crenças e ideais a respeito da vida após a morte, mas todas elas incluem o conceito de uma forma ou de outra. O xamanismo é uma das tradições mais complexas que lida de um modo totalmente tangível com espíritos ou almas dos mortos e a vida após a morte. Encontros casuais com espíritos, fantasmas ou aparições, seja de uma forma "positiva", como um espírito camarada ou ajudante, seja de maneira "negativa", como um espírito mal-intencionado ou hostil, não fazem de alguém um xamã. É o aspecto de ressurreição da morte da iniciação do xamã que permite o acesso e a interação permanente com o mundo espiritual.

Para um xamã, o contato com espíritos é decididamente diferente de um mero encontro ou até mesmo uma estrutura teórica baseada na fé. Os xamãs buscam ativamente um relacionamento vitalício com certos espíritos, não apenas os espíritos humanos, mas também muitos outros tipos que serão discutidos em breve. Isso é o que separa os xamãs daqueles que vivenciam um encontro isolado com espíritos resultantes de sonhos, traumas, estresse, privação sensorial, etc. O xamã cultiva e convida à interação com os espíritos durante muitas formas de práticas xamânicas adquiridas por meio de um treinamento, e entra em relacionamentos íntimos com outros seres vivos, incluindo seres humanos amigos.

Eu estava deitado na nossa tenda, e minha mãe e meu pai estavam sentados ao meu lado. Eu conseguia ver pela abertura, e havia dois homens lá, vindos das nuvens, de ponta-cabeça, como flechas viradas para baixo, e soube que eles eram os mesmos que eu tinha visto antes. Cada um carregava agora uma longa lança de cuja ponta irradiava um relâmpago repartido. Eles voaram direto para o chão desta vez, ficaram um pouco afastados e, olhando para mim, disseram: "Corre! Vem! Teus avós estão te chamando!"

(XAMÃ SIOUX OGLALA, CITADO EM NEIHARDT, p. 18)

Guias, Auxiliares, Companheiros e Antagonistas Espirituais do Xamã

Para os xamãs, os espíritos manifestam-se em várias formas, e têm inúmeros efeitos, responsabilidades, funções e personalidades. No mundo do xamã, não existe muita diferença em lidar com certos espíritos e lidar com pessoas vivas. Na verdade, como veremos, às vezes o relacionamento do xamã com os espíritos é mais íntimo e ativo do que qualquer coisa que viveríamos com alguém, especialmente se o espírito estiver dentro do xamã ou se o xamã penetra no espírito.

Um dos tópicos mais fascinantes que gira em torno de xamãs e espíritos é a variedade de tipos de espíritos no mundo do xamã e de onde eles vêm. Nós lidaremos com os espíritos da natureza no próximo capítulo. Aqui, vamos analisar com mais detalhes os espíritos aparentemente humanos que fazem parte do mundo do xamã.

De Onde Vêm os Espíritos?

Na cultura ocidental tradicional, é comum ver os relacionamentos do xamã com espíritos como apenas imaginação ou projeções da mente subconsciente. Essas projeções subconscientes atendem a certas necessidades e costumam ser visualizadas no contexto da cultura do xamã. Isso também pode ser descrito como um tipo de externalização psíquica de uma parte interna da mente. O fato de conseguirmos acessar fontes internas de conhecimento certamente não é um novo conceito ou tópico. Por toda a história, místicos, ascéticos e religiões criaram vários tipos de rituais, orações e técnicas para desacelerar ou fazer calar a "voz na nossa cabeça", ou diálogo interno, para acessar uma informação que não seja filtrada por nosso ego ou crenças culturais. A psicologia moderna usa até técnicas de hipnose e imagens guiadas para acessar esses lugares da psique que sejam normalmente velados. O eminente psicólogo Carl Jung deixou bem claro em seus textos que ele tinha "professores internos" que apresentavam uma compreensão superior e que, às vezes, apareciam para ele como se fossem uma personalidade viva, os quais caminhavam com ele em seu jardim.[18]

Que esses tipos de externalizações psíquicas pudessem ser vistas como espíritos parece bem normal, pois, assim como outrora, a orientação dessas fontes e nossas ações futuras a partir dessa orientação são agora a responsabilidade do espírito. Isso nos dá a liberdade de nos abrirmos a possibilidades e ações que nossa mente racional poderia não tolerar ou até ver como tolas ou perigosas.

A Psicologia e a Antropologia Transpessoais levam isso um passo adiante, reconhecendo que esses espíritos podem realmente ser acessados por nossa conexão com níveis suprapessoais ou multidimensionais de consciência. Isso beira uma visão espiritual, pois não relega nossa conexão com os níveis mais elevados de sabedoria a uma fonte puramente interna, mas, em vez disso, abre-se à possibilidade de recolher conhecimento de fora da nossa imaginação ou de fantasias internas. Nós sermos capazes de avanços psíquicos com outros mundos ou dimensões sugere que somos conectados, conscientemente ou não, com os campos transpessoais, ou dimensões interconectadas, e é algo que xamãs e místicos dizem ao mundo há incontáveis gerações. Descobertas na ciência moderna começam agora a confirmar isso. O princípio da incerteza de Heisenberg, a mecânica quântica e a interconexão quântica, modelos holográficos de consciência, a curvatura do espaço, táquions e buracos negros em miniatura no espaço-tempo, entre muitos outros avanços no pensamento científico, trouxeram-nos agora à beira de onde a ciência e o "paranormal" colidem e realmente se dão as mãos.

Em um nível mais pessoal, quantos de nós vivenciamos essa conexão diretamente, ou conhecemos alguém que tenha vivenciado? Eu

18. Walsh, p. 146.

ousaria dizer que a grande maioria das pessoas vivenciou ocorrências transpessoais pelo menos uma vez, se não várias, lembrando-se delas ou não, ou acreditando nelas ou não. Você já soube que o telefone iria tocar antes de isso realmente acontecer? Esse é um pequeno exemplo de como você sabia de algo que seu eu interior não poderia conhecer. Posso dizer o mesmo pelos meus cachorros. Todos os três cachorros que tive nos últimos 20 anos exibiram um elo psíquico extremo comigo. Várias das pessoas que cuidaram dos meus cães relataram para mim que, depois de eu ter ficado muitas horas ou dias fora de casa, eles agiam de maneira diferente (sentavam-se ao lado da porta, latiam, paravam de comer, andavam pela casa, etc.) quando eu estava a caminho de minha residência ou momentos antes de eu chegar a ela. De novo, não tem como o cachorro saber quando eu estava chegando à minha casa, a menos que estivesse conectado de alguma forma a algo maior do que ele mesmo.

No próximo nível de consciência transpessoal, existem incontáveis exemplos de indivíduos por toda a história que relatam que foram salvos ou ajudados por um conhecimento que jamais poderiam ter. Isso costuma ser facilitado por uma imagem visual verdadeira de um lugar ou uma pessoa. É algo comum, principalmente, com marinheiros perdidos no mar, que são visitados por espíritos e orientados para um lugar seguro. O mesmo acontece com montanhistas e pilotos que se perderam em seu caminho. Um dos pilotos que revolucionaram as viagens aéreas, Charles Lindbergh, descreveu várias companhias que o ajudaram durante seu voo solo pelo Atlântico. E é de se questionar por qual motivo Adolf Hitler, quando era um jovem no exército alemão, foi alertado por um espírito a sair do *bunker* que dividia com outros soldados. Ele ouviu a voz e fugiu na mesma hora em que um morteiro caiu e matou todos os seus companheiros.

Esses são apenas alguns exemplos do que poderia ser descrito como uma conexão com uma consciência transpessoal. Em meus livros anteriores sobre práticas xamânicas, documentei algumas das minhas experiências de quase morte, que incluem ser ajudado ou guiado a um lugar seguro por uma entidade ou espírito que não era deste mundo físico nem, simplesmente, uma invenção da minha imaginação.

No mundo do xamã, a existência de espíritos vivos neste mundo, incluindo humanos e espíritos que residem na natureza, junto a espíritos que ocupam outros planos (como uma vida após a morte ou entre a vida e a morte), é simplesmente um fato indiscutível. Almas e espíritos estão no âmago das práticas xamânicas. Uma visão de mundo animista orienta os xamãs em todas as culturas; é como certos xamãs interagem e se relacionam com os espíritos que os separam tanto cultural como pragmaticamente.

Todos os Espíritos Têm o Mesmo Nível de Conhecimento?

A maioria das culturas xamânicas acredita que os guias espirituais têm vários níveis de conhecimento e poder, assim como os próprios xamãs possuem diversos graus de experiência e sabedoria. A forma mais fácil de se relacionar com isso é colocar os espíritos em três níveis, de maneira semelhante ao modo como a cosmologia xamânica divide os níveis da consciência transpessoal nos mundos inferior, médio e superior.

O conceito de que o espírito-guia tem vários níveis de conhecimento pode ser visto de duas formas. A primeira é que aquele espírito em particular aprendeu e acumulou conhecimento pertinente à sua última vida ou a uma única vida avulsa. A segunda, e mais popular no mundo xamânico, é que um espírito específico passou por múltiplas vidas encarnadas na Terra (reencarnação), e o nível de conhecimento do espírito é diretamente proporcional ao seu avanço durante essas vidas. Nesse caso, quanto mais vidas pelas quais um espírito passar, mais chances de ele ter um conhecimento avançado. Um espírito mais velho provavelmente será um guia mais instruído do que um jovem, embora pareça que todos os níveis têm o seu lugar no panteão, e a idade certamente não é o único critério, como veremos.

A questão de como certos espíritos combinam com determinados xamãs permanece um mistério. Pode ser que no mundo espiritual haja uma escolha ordenada que segue a junção de necessidades e vontades do xamã com as especialidades de um espírito específico. Nesse caso, um xamã iniciante seria auxiliado por um espírito mais jovem que tenha tido problemas semelhantes em uma vida passada, ou um xamã experiente seria ajudado por um espírito avançado que se relaciona com o conhecimento em um nível mais profundo. Nós vemos um método semelhante no nosso sistema educacional. Quanto maior seu nível de educação, mais experientes serão seus professores.

Em 2008, a Agência de Inteligência Central dos Estados Unidos estimou que em todo o mundo nascerão 353.015 bebês por dia e 146.357 pessoas morrerão por dia.[19] São 245 nascimentos por minuto e 102 mortes – e muitos espíritos ou almas continuamente indo e vindo.

Como há mais vindas do que idas, de onde vêm os novos espíritos? De uma perspectiva xamânica, todos nós fazemos parte de uma grande "alma universal" ou campo gigantesco de consciência-energia que se separa e se divide para criar espíritos individuais. Depois de o espírito ser criado, ele voltará na morte e se juntará ao coletivo. Acredita-se que ele, então, pode renascer.

A parte do renascimento é muito misteriosa porque, uma vez que o espírito é novamente parte do coletivo, a energia, as memórias e a consciência desse espírito combinam-se com o todo maior. O que e o quanto do eu anterior são lembrados dentro de si ou depois de estar no coletivo costumam estar associados ao nível de avanço espiritual. Torna-se completamente possível as pessoas também se lembrarem, às vezes, não só das suas vidas passadas, como também das vidas passadas de outros indivíduos, pois um espírito, quando nasce, pode compartilhar da memória coletiva da alma universal. Isso pode explicar por que várias pessoas ao mesmo tempo podem achar que são a reencarnação de Maria, mãe de Jesus, ou do Elvis.

Para os xamãs, é completamente comum para um espírito único em uma vida passada ser separado, ou dividido, e ser incluído em várias pessoas reencarnadas, especialmente ancestrais. Isso leva à questão: se nós chegamos a escolher quem queremos ser na nossa próxima vida, enquanto estamos no momento intermediário, após a morte, é possível que possamos escolher nossos pais? Nossos corpos?

A resposta do xamã seria diferente em muitas culturas, mas, em geral, é seguro dizer que os xamãs acreditam que espíritos de níveis mais

---

19. Disponível em: <https://www.cia.gov/library/publications/the-world-factbook/index.html>. Acesso em: 27 mar. 2009.

elevados, incluindo xamãs, podem retornar por sua escolha, enquanto indivíduos de baixo nível não podem, exceto em casos extremos, nos quais um espírito deixou uma marca tão forte de uma questão não resolvida, que ele ou ela concorda em voltar. A maioria dos espíritos é de nível inferior ou intermediário e são colocados de alguma forma em sua situação na nova vida de acordo com o modo com que conduziram sua vida prévia. Isso pode estar relacionado ao princípio do carma nas tradições hindu e budista. A definição de carma difere um pouco em todas as tradições, mas, em geral, podemos dizer que a lei do carma afeta todas as nossas ações e as experiências passadas, presentes e futuras, tornando assim a pessoa responsável por sua própria vida, e pela dor e pela alegria que ela traz para si e para os outros.

> *Espíritos* Ejecatl *(vento mau) são insidiosos, e costumam atacar recém-nascidos ou os idosos, pessoas cuja* chicahualistli *(resistência ou força) estiver diminuída. Eles infestam todo o universo, mas são atraídos à vila quando as pessoas perdem a paciência, fofocam, ficam bravas, falam mal dos outros, xingam, roubam, traem, mentem ou quebram as normas sociais de outra forma.*
>
> (COSMOLOGIA NAHUA, SANDSROM, p. 252)

Guias de Nível Inferior

Como há mais espíritos vindo do que indo, muitas pessoas terão apenas um nível consciente da alma universal subjacente, sem uma noção consciente do avanço por meio de episódios cármicos em vidas prévias. À medida que a pessoa prossegue pelas várias vidas encarnadas, há um monte de oportunidades para avanço na consciência ou, por outro lado, permanece a mesma ou até regride. Portanto, os espíritos em um nível inferior de consciência estão nessa situação por dois motivos principais. Primeiro, eles poderiam simplesmente ser espíritos jovens demais, com poucas encarnações, ou poderiam ser espíritos relativamente velhos que encarnaram talvez muitas centenas de vezes, mas permaneceram subdesenvolvidos por um motivo ou outro. Um espírito novo, por exemplo, que seja assassinado, estuprado ou sofra alguma outra forma de trauma profundo, pode levar muitas, muitas vidas para se libertar desse episódio. Em contrapartida, um novo espírito pode encontrar amor, sabedoria e lições de vida que em apenas algumas vidas fazem sua consciência avançar muito rápido.

Espíritos de nível inferior costumam ser egocêntricos, pois eles ainda não vivenciaram nem incorporaram uma visão expandida da consciência. Eles são facilmente influenciados pelo consenso de outros, defenderão com firmeza seu ponto de vista limitado e mostrarão verdadeira compaixão por apenas um grupo imediato de pessoas. O mesmo vale para os espíritos de nível inferior com os quais um xamã pode ter contato. Haveria muitos motivos para um xamã encontrar um espírito de nível inferior e, muitas vezes, essa pode ser uma coisa boa. Aprende-se o avanço na consciência com as experiências. Se não fosse assim, então não haveria oportunidade para progredir.

> *Unir-se a uma esposa ou marido espiritual não satisfaz apenas uma necessidade hedonista. Em uma escala muito maior, somos confrontados aqui por um tipo de divisão de trabalho espiritual: os seres espirituais concedem os desejos do xamã curando por meio dele, fazendo voos exploratórios para obter visões do futuro... Por outro lado, o intercurso sexual com seres espirituais pode ser um tanto assimétrico – por exemplo, quando um xamã é literalmente estuprado por seu parceiro espiritual... ou (quando eles) se transformam em monstros feios e terríveis... a linda esposa espiritual pode se transformar de repente em uma velha bruxa ou em uma fera voraz.*
>
> (KALWEIT, p. 128)

No entanto, espíritos malignos quase sempre vêm do nível inferior e podem ser bem perigosos. Costumam ser espíritos que encarnaram muitas vezes sem avanço, e recorreram às más ações como uma forma de aplacar sua frustração e o que eles percebem como "tratamento injusto" do mundo ao seu redor. Nas culturas xamânicas, esses espíritos se vingam dos encarnados roubando as almas dos bebês, criando doenças ou transtornos psicológicos, trapaceando, enganando e aparecendo de outras formas como aquelas que não têm. Xamãs iniciantes muitas vezes passam por vários testes com esses espíritos raivosos ou enganosos.

Um dos principais temas encontrados entre os espíritos do nível inferior e os xamãs iniciantes se refere a sexo e casamento. Um xamã iniciante será influenciado com muito mais facilidade a ter um relacionamento codependente com um espírito de nível inferior que precise desse tipo de atenção e aprovação. Aparecendo de uma forma que cative a atenção do xamã, e então o ajudando em certos momentos, o espírito ganha a confiança do xamã por sua natureza imatura. Os xamãs iniciantes fraquejam muitas vezes com esses espíritos de nível inferior, e precisam da assistência de alguém mais avançado para se livrar deles e ajudá-los a seguir em frente até reingressar no *continuum.*

Guias do Nível Intermediário

Nesse nível, os espíritos basicamente aparecem e se mostram acessíveis a xamãs por motivos "positivos", pois atingiram um estágio de maturidade no nível encarnado para evitar a maioria das ciladas das ações egocêntricas que permeiam os níveis inferiores. Isso não quer dizer que os espíritos do nível intermediário se desprenderam de todos os aspectos de raiva, ciúme ou outros traços do nível inferior. Eles simplesmente avançaram como seres de um caráter "moral" superior e que vivenciaram o lado positivo das ações cármicas, por isso, desejam continuar a crescer.

Guias espirituais nesse nível muitas vezes ajudam os xamãs em cocriação com o planeta. Isso significa auxiliar a equilibrar ou restaurar os relacionamentos entre a comunidade e aquilo que provê a vida: nossa biosfera nativa. Depois de passar por várias vidas de conhecimento e experiências que expandiram sua consciência, esses espíritos costumam ser companheiros íntimos dos xamãs, pois muitos destes terão um nível de consciência semelhante aos dos seus guias espirituais do nível intermediário.

Nesse nível, é comum os espíritos quererem vivenciar a miríade de essências e energias do mundo natural e, portanto, eles podem se tornar animais, árvores, nuvens, rios, montanhas, rochas, etc., por certos períodos. Por isso, o xamã e a comunidade em geral tomam a consciência, com toda a história, das tradições e dos tabus da tribo, de agirem com respeito com a natureza e se responsabilizarem por suas ações. Por todo o folclore xamânico, encontramos espíritos de nível intermediário que ocupam formas da natureza que ficam furiosas quando são abusadas e maltratadas. Eles, muitas vezes, executam as consequências cármicas de caçar mais animais do que é necessário, ou de derrubar mais árvores do que precisam, causando algum tipo de dano ou até a morte aos malfeitores. Em um nível global, isso pode ser o que atualmente acontece entre a humanidade e os espíritos da natureza. O enorme sofrimento humano no nosso planeta está diretamente relacionado à má utilização da biosfera, à superpopulação e aos usos insanos da tecnologia, aos quais a guerra e a fome são simples respostas cármicas.

Guias de Nível Superior

Os guias em um nível superior são supreendentemente escassos. É bem normal para nós querermos, acreditarmos e esperarmos que sejamos um desses raros espíritos que atingiram um nível elevado de avanço consciente. A verdade é que a maioria das pessoas, ou espíritos, não chega nem perto disso. Nesse nível, o espírito, encarnado ou não, é quase invisível. Guias de nível superior que caminham na Terra como seres vivos fazem seu trabalho de maneira bem despretensiosa. Eles focam o desenvolvimento da condição humana. Quando você encontra um desses seres, sua vida muda para sempre; o estímulo da honestidade incondicional e a energia pura irradiada vão além de explicações ou palavras. Eles chamam atenção daqueles ao seu redor de modo singular, mas não são pessoas públicas. Normalmente, estão envolvidos nas formas mais significativas de guiar e fomentar eventos em um estilo por trás das cenas, o que é reservado ou até intencionalmente clandestino.

Transe: o Portal do Xamã aos Espíritos

Analisando como os xamãs aproveitam-se dos espíritos, precisamos considerar se o xamã vai para dentro de seu ser, é afetado perifericamente por uma entidade externa ou é até possuído por uma entidade externa que se costuma denominar espírito.

Ao fazer isso, é importante começar com a técnica que a maioria dos xamãs, mas não todos, usa para contatar e se conectar com os espíritos: o transe. Estados de transe podem ser considerados normais, como nas práticas psiquiátricas modernas, ou místicos, como na possessão espiritual.

Para a maioria dos psiquiatras e dos psicoterapeutas modernos, existem sempre explicações satisfatórias para os espíritos encontrados durante estados de transe que não incluem um componente místico ou externo. Estados de transe, ou parecidos com isso, são induzidos por drogas ou hipnose, ou uma combinação das duas coisas, e seus resultados são tratados com um sentido científico. Nessa visão, espíritos não são externos, mas um produto da mente humana que está tentando resolver algum tipo de evento traumático ou pressão atual. Qualquer possessão aparente de uma pessoa por um espírito é simplesmente vista como um tipo de Transtorno de Personalidade Múltipla (TMP) ou Transtorno Dissociativo de Identidade (TDI), em que a pessoa dramatiza certa parte do ego e atua como parte de um comportamento interno solucionador de problemas (isso será discutido em detalhes no próximo capítulo). Deve-se notar também que dizem que a crença nos espíritos, muito difundida na cultura moderna, promove na verdade o desenvolvimento de múltiplas personalidades dentro de si e confirma, assim, a realidade dos espíritos pela manifestação dessas outras personalidades.

Normalmente, o precursor para essa visão psiquiátrica tem algo a ver com um drama ou abuso na infância, e a pessoa realmente se sente derrotada pelo evento, mesmo que seja apenas em um nível subconsciente. Embora não seja compreendido com clareza, de acordo com a psiquiatria moderna, o TDI como tal não tem componentes místicos ou sobrenaturais. Isso está em clara e distinta oposição aos visionários religiosos, espirituais e místicos que foram possuídos ao longo da história humana por um espírito externo por vontade própria ou sem escolha.

No contexto do xamanismo, o estado de transe é visto de duas formas parcialmente conflitantes. A primeira é que o xamã é “despossuído”, ou seja, uma de suas almas deixa o corpo para viajar para o mundo espiritual. O outro lado da moeda é que o xamã é possuído por um espírito externo. Em muitas culturas, essa possessão pode acontecer com a pessoa estando ou não em um estado de transe intencional. Essa possessão do tipo intrusão é muitas vezes associada a doenças, para as quais um xamã será chamado para interceder e remover o espírito indesejado causador da doença.

A palavra *transe* tem vários significados, mas no contexto xamânico, uma das definições do dicionário *Webster* é importante para nossa discussão:

Transe: um estado no qual a alma parece sair do corpo para outro estado de ser, ou ficar absorto em visões; um êxtase.

Pode envolver também vários níveis de "outros estados de ser", da dissociação mental completa à parcial, da qual se pode ou não lembrar depois. Entre as técnicas para induzir estados de transe estão:

- Batidas ritmadas no tambor;
- Movimentos repetitivos;
- Danças sagradas;
- Entoar cânticos prolongados;
- Ingestão de álcool, tabaco e enteógenos vegetais;
- Respiração rápida, e inalação de fumaça e vapores;
- Exposição intencional a ambientes de calor ou frio extremos;
- Flagelo da carne, como cortar-se ou se queimar;
- Jejum;
- Contemplação ascética e privação sensorial.

Essa lista representa muitas das técnicas comuns de transe no xamanismo, mas, o mais importante, essas técnicas têm em si o componente místico ou espiritual que os procedimentos psiquiátricos modernos, como a hipnose e a imaginação guiada, não possuem. Portanto, vemos que os estados de transe devem ser definidos tanto pela classificação psicológica quanto pela cultural. Na sociedade moderna dominada pelos cristãos, na qual prevalece a ciência médica, pouco resta dos estados de transe místicos, especialmente aqueles relacionados à possessão espiritual.

A possessão espiritual pode ou não estar associada com estados de transe. Em muitas culturas, as doenças podem ser vistas como uma forma de possessão espiritual, por exemplo, mas o doente certamente não está em transe. No entanto, como observado antes, um xamã pode entrar em estado de transe para ser despossuído ou possuído. A explicação da complexidade disso pode ser capciosa.

A despossessão às vezes é chamada de "perda da alma", o que pode acontecer como um resultado de doença ou, em culturas como a do povo Yaruro, da Venezuela, o xamã passa por uma despossessão intencional para viajar ao mundo espiritual durante o transe. De fato, muitas culturas xamânicas acreditam que, embora o xamã esteja privado de sua própria alma, seus auxiliares espirituais entram em seu corpo e falam por meio dele; portanto, a despossessão é um componente necessário e comum para esses povos. Todavia, para complicar a questão, outras culturas, como a Akawaio, e diversos grupos de cultos por toda a África e o mundo muçulmano acreditam que uma pessoa possa ser possuída por vários espíritos ao mesmo tempo (mais sobre isso no próximo capítulo), enquanto também retém seu próprio espírito-alma. Um xamã de sucesso, nesse caso, carrega seus espíritos consigo o tempo todo.

Então, parece claro que o espírito ou alma de um xamã ser desalojado ou não durante o estado de transe, a possessão, a cooperação, e até o controle dos espíritos, é central à atividade conhecida como xamanismo. Um xamã de ambos os sexos depende em vários níveis de suas habilidades e conhecimentos para lidar com o mundo espiritual de um modo bem tangível. É com esse conhecimento e conjunto de habilidades que o xamã consegue curar os outros de doenças causadas por espíritos patogênicos, embora os espíritos certamente não sejam a única causa de doenças.

Se dominar o mundo dos espíritos é central ao xamanismo, então devemos analisar mais de perto o relacionamento entre os xamãs e seus auxiliares espirituais. Em muitos casos, se não na maioria, os xamãs entram em um relacionamento mútuo com os espíritos, que é como um acordo ou até um contrato, solidificado pelas oferendas dos xamãs aos espíritos. Aqui nós voltamos brevemente à iniciação xamânica, na qual os xamãs mais velhos oferecem cérebros, ossos e/ou carne do xamã neófito aos espíritos, que então permanecem com ele para sempre. Ou, em outros casos, o neófito deve provar seu valor domando seus espíritos auxiliares e controlando-os, muito como faria um domador de leões ou elefantes no nosso mundo físico. Os espíritos também são conhecidos por simplesmente serem atraídos ao xamã potencial por motivos próprios.

Em qualquer caso, o xamã experiente tem um relacionamento mais direto e íntimo com seus espíritos, o que é demonstrado de forma mais significativa por um espírito totalmente encarnado que possui o xamã, ou o espírito que trabalha inteiramente em conjunto com ele. Essa comunhão extasiada com as forças do mundo mais do que humano é tão intensa, que muitas vezes recebe a alcunha de "pequena morte", na qual o xamã vivencia o mundo espiritual de uma forma semelhante àquela após a morte corporal, ainda que seja por períodos relativamente breves.

Às vezes, a união entre xamã e espírito(s) também é interpretada como um intercurso sexual ou casamento entre o xamã e seus espíritos possuidores. Isso é mais comum quando xamã e espírito forem de sexos opostos, mas nem sempre. No caso do casamento entre xamãs e espíritos de sexos opostos, muitas vezes filhos espirituais nascem, são criados e dão mais poder ao xamã.

Há relatos etnográficos de filhos espirituais nascidos de um(a) xamã humano(a) e sua(seu) assistente espiritual em muitos lugares do mundo. Na África, não é incomum o xamã ter filhos espirituais como ajudantes que são carregados em um recipiente especial e que auxiliam o xamã durante as cerimônias de cura. Na Índia, casamentos com espíritos também são bem comuns e desempenham um papel vital na iniciação de um xamã. Isso muitas vezes lembra o namoro humano, com a resistência inicial, depois a submissão, terminando enfim em casamento. Um exemplo disso é uma xamã feminina da tribo Saora, Champa, que resistiu com veemência às investidas de um espírito masculino, mas no fim eles se casaram e deram à luz um filho humano e, depois, um espiritual. Ela também se casou com um marido humano e teve um filho com ele também.[20]

Em culturas como a dos Saoras, o xamã masculino que for possuído e se casar com um espírito feminino é colocado por sua esposa espiritual sob um código moral bem rígido que afeta diretamente sua vida cotidiana. A esposa espiritual pode proibir relações sexuais com mulheres terrenas e fazer outras exigências, como jejum ou presentes.

20. Verrier Elwin, *The Religion of an Indian Tribe* (Oxford: Oxford University Press, 1955).

Nesse caso, o xamã é afastado da sociedade normal, especialmente em seus relacionamentos com mulheres e da criação de filhos.

Culturas xamânicas, como a do povo Chuckchi, são conhecidas por seus xamãs homossexuais masculinos que possuem maridos tanto no mundo espiritual quanto no material. Esses xamãs costumam exibir um comportamento bem feminino, vestindo-se e agindo como mulheres. Em muitas culturas em todo o mundo, a incidência de possessão espiritual é mais prevalente nas mulheres, sejam elas xamãs ou não (isso é discutido em mais detalhes no capítulo 8). Portanto, como podemos ver, os espíritos, a possessão espiritual e os guias espirituais não são regidos por regras fixas e padronizadas.

Capítulo 7

Espíritos da Natureza

Na cosmologia xamânica Nahua, a terra ao redor da vila está completamente viva, com espíritos, e os xamãs estão em contato contínuo com eles. Muitas vezes, é difícil para os indivíduos da atualidade entenderem essa intimidade. Para aquelas pessoas, a terra é infinitamente mais do que apenas o lugar onde crescem e vivem as coisas que as proveem com vida. Cada floresta, fonte, desfiladeiro, caverna e rio têm seu próprio nome e espírito. Nessa visão de mundo, os morros estão literalmente vivos e são chamados de *santo tepemej*, que é uma combinação de espanhol com Nahuatl e significa "morros sagrados". O *milpa* é o solo sagrado no qual os indivíduos cultivam suas plantações e, muitas vezes, a posição de uma pessoa na comunidade é diretamente proporcional ao cuidado que eles têm com seu *milpa* e, portanto, a como eles honram os espíritos. Muitas oferendas são feitas ao *santo tepemej* durante a semeadura, o crescimento e a colheita do *milpa*.

Na tradição xamânica Q'ero, as montanhas raramente são montanhas: elas são *apus* – seres sagrados que são os guias espirituais mais poderosos para o xamã Q'ero. Cada xamã recebe sabedoria e energia de um ou mais *apus* a quem prestam serviço. Esse serviço não é visto como subordinação, mas como um meio para o xamã desenvolver um relacionamento recíproco com esses espíritos poderosos, demonstrando seu chamado para servir. O poder de um xamã Q'ero é diretamente relacionado com a energia pessoal que ele adquiriu (veja o "caminho da beleza" no capítulo 5) e o poder do seu(s) *apu(s)*.

Os *apus* vêm em várias forças e, com o aumento do poder do xamã, aumentará também sua habilidade de se comunicar com *apus* mais fortes. Como vi com vários xamãs indígenas, isso também se relaciona ao alcance de sua influência. Em outras palavras, um xamã com guias espirituais menos poderosos servirá e influenciará pessoas solteiras, casais ou pequenas comunidades, enquanto os xamãs com os guias espirituais mais poderosos servirão e afetarão comunidades inteiras, países ou até todo o mundo.

A hierarquia do *apus* andino é complexa, mas se divide em geral em três classes de poder. Um dos mais poderosos é Salkantay, a montanha mais alta da região de Cusco, no Peru, que se ergue a mais ou menos 64 quilômetros fora da cidade de Cusco e governa toda a área, incluindo os 300 mil habitantes do local. Outro *apu* importante é Huayna Pichu, a montanha sagrada que se eleva sobre Machu Picchu, a "cidade perdida" dos incas. Muitos outros *apus* influenciam xamãs e místicos dos Andes com vários níveis de poder e postos na hierarquia geral.

> *A grande mensagem dos Andes (a cadeia de montanha livre mais longa do mundo, na América do Sul), a maior crença dos Andes com respeito à humanidade é nossa aproximação do espírito da natureza, com Pachamama (mãe terra), o vento, o Sol e as estrelas. Esse é o convite constante do mundo andino – que o mundo é povoado por espíritos... Não existem melhores professores do que a vida e os espíritos da natureza, pois a linguagem deles é aberta. Por meio deles nós nos tornamos cientes de como somos enganados por nossas mentes (racionais). Por intermédio deles também podemos nos conscientizar de que cada decisão é uma de sentir, falar e se movimentar neste planeta com coração.*
>
> (XAMÃ Q'ERO, CITADO EM WILCOX, p. 6-7)

Plantas dos Deuses

Onde estaríamos sem as plantas sagradas que cobrem nossa terra? Bem, nós nem estaríamos aqui! As plantas verdes são o combustível que mantêm os seres humanos e todas as outras espécies de animais vivos, pois absorvem a energia geradora de vida do Sol e a converte em energia química na forma de compostos orgânicos que podemos comer.

Esse relacionamento mais íntimo com as plantas é levado ao mais alto grau pelos xamãs que lidam com elas, não apenas em um nível físico, mas também no campo espiritual. A diversidade de espécies vegetais que cobrem a terra é impressionante, e essa variedade não só fornece alimentos e remédios, como também, no mundo do xamanismo, há muitas espécies mágicas que foram denominadas "plantas dos deuses".

Essas plantas dos deuses são usadas para nos conectarmos com o mundo espiritual de um modo direto, pois elas abrem as portas da percepção em todos os níveis de experiência – visual, olfativa, física, psíquica e alucinógena –, e foram usadas pelo homem como um canal direto ao divino por muitos, muitos milênios.

Enteógenos: os Modificadores da Realidade

A palavra *alucinógeno* é, muitas vezes, usada pelas pessoas modernas para descrever os efeitos de diversas plantas utilizadas pelos xamãs. As alucinações vêm em uma grande variedade, dependendo da farmacologia das plantas ingeridas e do estado mental do xamã. No entanto, nem todas as plantas no mundo xamânico podem ser classificadas como alucinógenas. Pesquisadores do assunto entenderam recentemente a complexidade e a gama de experiências causadas por meio da ingestão de plantas sagradas:

> Estudos modernos demonstraram uma complexidade de efeitos psicofisiológicos tamanha, que o termo *alucinógeno* nem sempre cobre toda a gama de reações. Portanto, surgiu uma nomenclatura desconcertante. Nenhum dos termos, no entanto, descreve totalmente todos os efeitos conhecidos. Os termos incluem enteógenos, delirantes, alucinantes, eidéticos, alucinógenos, substâncias para alteração da percepção, psicoticomiméticos... psicodislépticos, ataráxicos, psicotógenos, místicomiméticas, esquizógenos e psicodélicos, entre outros epítetos... O nome mais comum nos Estados Unidos – psicodélicos – é etimologicamente falho e adquiriu outros significados na subcultura das drogas.[21]

21. Richard Evans Schultes e Albert Hofmann, *Plants of the Gods: Their Sacred, Healing, and Hallucinogenic Powers* (Rochester, VT: Inner Traditions, 2001), p. 12-13.

Além disso, algumas plantas empregadas pelos xamãs não se encaixam na categoria alucinógena. A kava-kava, por exemplo, está mais para um hipnótico, e o ópio e a coca são classificados em geral como eufóricos, então, para facilitar a terminologia, vou usar apenas a palavra *enteógeno* ao examinar as plantas dos deuses do xamã. A popularidade desse termo cresceu recentemente, e ele pode ser definido como uma substância psicoativa, originária, em geral, de uma fonte vegetal, usada em um contexto religioso ou xamânico; seu sentido literal é "Deus dentro de si" ou "facilitador do acesso a Deus ou ao espírito".

No mundo do xamã, existem muitos níveis de realidade que acontecem a cada determinado momento. Mais de 6 bilhões de pessoas vivem na Terra, e todos nós compartilhamos a realidade física da vida nesta biosfera, mas há tantas diversidades radicais entre culturas, que dá para perceber facilmente que nós nem sempre compartilhamos a mesma realidade em termos de consciência ou percepção. O ritual de beber o sangue de um touro vivo na África não entra facilmente na cabeça da maioria dos intelectuais urbanos dos Estados Unidos, assim como a experiência de se sentar em uma cafeteria no centro da cidade, cheia de pessoas digitando em *laptops*, seria completamente estranha a uma moradora de uma aldeia remota forçada a ver seu bebê morrer de fome.

Essa situação de realidades separadas muitas vezes foi chamada de sonhos, que são compartilhados coletivamente por pessoas de culturas específicas. O sonho da cultura ocidental virou decididamente antropocêntrico (centrado no ser humano) e, em décadas recentes, perdeu seu equilíbrio com a natureza. Mas, para culturas centradas na natureza, esse não é o caso; elas ainda vivem da terra e centram sua espiritualidade com os seres e os espíritos que as proveem com vida. A vasta disparidade entre essas duas visões de mundo sugere que ocorre uma hipnose em massa na cultura ocidental. Ficamos tão presos em nosso sonho, que não vemos, por isso nem nos importamos em procurar por uma forma alternativa de ser.

Os enteógenos vegetais são um antídoto para o pensamento inflexível. Eles despersonalizam a experiência da realidade, sem perda de consciência. Em vez disso, eles agem com uma expansão da consciência em universos multidimensionais, com possibilidades e realidades infinitas. O mais profundo desses estados produz mudanças profundas na forma em que uma pessoa percebe a realidade, o espaço e o tempo, e como todos nós cabemos na rede de vida mais ampla ao nosso redor. Essas mudanças na percepção são tão diferentes da nossa visão de vida cotidiana comum, que mal podemos colocá-las em palavras, pois não teriam nenhum sentido para alguém que não tenha vivenciado algo semelhante. É como tentar explicar a sensação de um orgasmo para alguém que nunca teve um, ou tentar descrever a cor vermelha para alguém que nasceu cego.

De maneira semelhante a trabalhar com espíritos humanos, o trabalho do xamã com um enteógeno vegetal desenvolve um relacionamento com esse espírito específico, com o tempo e muitos encontros. Uma vez que o xamã tenha desenvolvido esse relacionamento, é impossível caminhar neste mundo da mesma forma. A consciência do xamã se altera para sempre, e viver uma vida comum está simplesmente fora de questão.

Farmacologia e Química

Visto de fora, podemos dizer que os enteógenos funcionam de uma forma específica no sistema nervoso central do corpo, por meio das substâncias químicas da planta que são ingeridas. Há centenas de componentes diferentes que formam as substâncias químicas encontradas em uma planta específica, mas, dentre esses, apenas alguns são responsáveis pelos efeitos que eles têm sobre a consciência humana.

Os principais componentes de plantas viçosas são celulose e água (90%), com outros elementos, como carboidratos, proteínas, minerais, gorduras e pigmentos. Os compostos que produzem os efeitos psicoativos em enteógenos costumam constituir apenas 1% (ou às vezes até menos) do peso total da planta.

A diferença importante entre os enteógenos vegetais e as plantas "normais" está nos princípios ativos dos enteógenos vegetais que se relacionam com os hormônios do cérebro humano. A mescalina, por exemplo, o composto químico psicoativo encontrado no cacto sagrado peiote, está intimamente relacionada ao hormônio cerebral norepinefrina, que pertence ao grupo dos agentes psicológicos conhecidos como neurotransmissores. Os neurotransmissores funcionam na transmissão de impulsos entre os neurônios no nosso cérebro. O interessante é a mescalina (no cacto peiote) e a norepinefrina (no nosso cérebro) terem a mesma estrutura química. Falando em química, ambas derivam do que os químicos denominam feniletilamina. O aminoácido essencial fenilalanina, outro derivado da feniletilamina, circula amplamente no corpo humano durante um orgasmo.

Os enteógenos do cogumelo mexicano têm os mesmos compostos básicos do nosso hormônio cerebral serotonina. Outros enteógenos possuem a mesma estrutura básica do hormônio noradrenalina.

Em termos de xamanismo e do uso sagrado dos enteógenos vegetais, isso é bem mais do que um mero acaso! Por terem a mesma estrutura básica de hormônios poderosos do cérebro humano, quando ingeridos eles são como chaves que abrem as fechaduras de portas para pontos no cérebro, que alteram nosso estado de consciência. Eles estimulam áreas da nossa consciência que costumam ficar dormentes e, por isso, são chamadas "plantas dos deuses".

Onde Vivem?

Em comparação com todo o reino vegetal, que agora é estimado como algo entre 300 mil e 700 mil espécies, apenas uma pequena porcentagem disso é considerada enteógena. Por volta de mil foram identificadas em uso ritualístico por todo o globo, com apenas umas 100 sendo usadas regularmente.

É interessante notar que a área de Terra chamada agora de México recebe os créditos de local com mais diversidade e usos de enteógenos vegetais, tais como o cacto peiote, várias espécies de cogumelos sagrados (*fungi*), datura e mescal como os mais proeminentes. A América do Sul também tem vários enteógenos, incluindo o cacto de São Pedro, os muitos membros da família das solanáceas e, claro, as famosas variedades de ayahuasca. Na América do Norte, encontramos muito poucos enteógenos. O peiote ainda pode ser encontrado em uma pequena região do sul do Texas, perto do México, e a datura cresce amplamente por todo o sudoeste. A África é relativamente pobre de enteógenos; o mais famoso e amplamente usado é o iboga, da família das Apocináceas. Na Eurásia, encontramos o lar do cânhamo (agora mais conhecido como maconha), o agário-das-moscas (que é um tipo de cogumelo), a datura e várias espécies de solanáceas, muito usadas na feitiçaria.

Essa é apenas uma pequena lista de enteógenos populares em certas regiões do mundo, mas ela nos dá uma ideia do uso difundido das plantas como veículos do sagrado.

Uso Sagrado

As culturas xamânicas empregam enteógenos vegetais para abrir as portas da percepção, e elas consideram os espíritos de seus aliados vegetais extremamente sagrados. O uso recreativo dos enteógenos, comum às pessoas da atualidade desde os psicodélicos anos 1960, pareceria estranho, se não bizarro, a um xamã indígena.

Dito isso, eu gostaria de deixar perfeitamente claro neste ponto que, ao fornecer a informação a seguir sobre enteógenos vegetais específicos, *não* estou defendendo nem desculpando seu uso atual pelas pessoas. Mas, se você sentir vontade de se encontrar com um desses espíritos vegetais, devo alertar para todos tomarem muito cuidado e sempre fazerem isso com a ajuda, o suporte e a orientação de alguém bem experiente no uso da planta que você está ingerindo. Tentar sozinho é uma tolice enorme!

A experiência efetiva de usar enteógenos vegetais varia bastante de uma planta para outra, e é diretamente relacionada com a intenção ou o propósito de ingestão da planta. Algumas experiências comuns ao uso de enteógenos incluem:

- Expectativa e ambiente. Isso significa que a intenção da experiência e o local onde ela ocorre são relevantes à qualidade da experiência e ao estado de consciência atingido. Isso é importantíssimo, porque muitos antropólogos e adeptos do movimento da nova era logo colocam todas as experiências xamânicas na mesma categoria, e muitas pessoas modernas interessadas em xamanismo nem mesmo consideram como fator a terra que as mantém em sua experiência. Em termos do uso de enteógenos, a expectativa e o ambiente são os fenômenos mais importantes do experimento.

- Fonte de conhecimento. As experiências incluem muitas vezes o aprendizado de uma fonte de conhecimento bem maior do que os confins de assuntos estritamente humanos. Visões, intuição, percepção de sensibilidade em plantas e comunicação com animais são experiências comuns.
- A experiência de morte e renascimento. Esquartejamento, dissolução, explosão e outras experiências de ser morto e depois renascer em um estado mais forte e saudável, embora aparentemente traumatizantes, costumam ser experimentações instrutivas e fortalecedoras para o xamã.
- Atividades externas. A experiência pode ser intensificada com música externa, cantos, cânticos, dança, tambores e outras atividades que acentuam o fluxo da experiência.
- A percepção do espírito. Isso pode vir de muitas formas, tais como a percepção do próprio espírito do xamã, de outra pessoa (como a do cliente) durante uma cerimônia de cura, dos espíritos da morte, dos espíritos da natureza e dos espíritos de animais.

Plantas Comuns no Mundo Xamânico

Peiote (*Lophophora williamsii*)

Descrição: peiote é um cacto pequeno sem espinhos, com uma longa raiz. Cresce em um formato arredondado e costuma ter gomos, ou seções, indo do meio para a ponta. O tipo mais comum de peiote usado entre os huichóis também tem pequenos tufos brancos que aparecem crescendo em cada seção.

Hábitat: áreas específicas do sudoeste do Texas, nos Estados Unidos, e nordeste do México. Historicamente, sua extensão nessas áreas era muito maior, mas a colheita humana desse enteógeno de crescimento lento por culturas indígenas e usuários recreativos modernos levou o cacto sagrado a minguar, até o estado de espécie ameaçada de extinção. Alguns grupos religiosos que usam o peiote como um sacramento começaram agora a cultivar seu próprio peiote por respeito a esse enteógeno.

Uso xamânico e cultural: o cacto peiote sagrado é utilizado há muito tempo na cultura mesoamericana. A evidência arqueológica mais antiga do uso remonta a cerca de 5000 a.C., embora esses sítios podem ser tão antigos quanto 10500 a.C. Relatos etnográficos de cronistas dos séculos XVI e XVII demonstram que os primeiros invasores espanhóis encontraram a cultura asteca ainda o usando em seus rituais sagrados, milhares de anos depois. Ele ainda é utilizado hoje entre muitos povos nativos, principalmente na cultura huichol de Sierra Madre Ocidental do México e, mais recentemente, na Igreja dos Nativos Americanos e suas muitas ramificações.

Os xamãs huichóis usam o cacto peiote sagrado em todas as suas principais cerimônias (*fiestas*), e em momentos durante o plantio e a semeadura de suas plantações. Com o declínio dos animais de caça em suas montanhas por causa das invasões mexicana e mestiça, os huichóis dependem agora mais do milho, do feijão e da abóbora-moranga, assim como de alguns frangos e de um pouco de gado. Por ser uma cultura mais agrária, o ciclo anual de cerimônias agora gira em torno das estações úmidas e secas do ano. Uma das mais importantes delas é a peregrinação ao deserto sagrado de Wirikuta, onde os huichóis vão coletar (procurar) o peiote e "encontrar suas vidas". Foi durante uma das muitas peregrinações com os huichóis a Wirikuta que recebi a mensagem para escrever meu primeiro livro, quando nunca nem tinha pensado em ser um autor. Rememorando agora esse momento, vejo claramente que, em Wirikuta, assim como os huichóis, realmente "encontrei a minha vida".

Historicamente, o povo huichol fazia a longa peregrinação ao deserto peiote a pé, levando muitas semanas para caminhar de suas vilas nas montanhas do oeste para o deserto no nordeste do México. Agora, em razão dos ranchos privados e das estradas que bloqueiam a trilha ancestral, esses indivíduos viajam na maior parte do caminho ao ar livre, em um caminhão com "caçamba" alugado ou doado, o que ainda é uma jornada árdua de muitos dias de vento e poeira no caminhão aberto, e dormindo no chão à noite. Faz-se muito jejum, e a ingestão de alimentos costuma se limitar a algumas tortilhas de milho por dia, à tarde.

Há tantos aspectos fascinantes sobre a peregrinação huichol para o deserto de peiotes, que livros inteiros foram escritos sobre ela por alguns dos afortunados intrusos que foram convidados a testemunhar ou participar da jornada. A promessa que fiz aos xamãs huichóis e ao peiote é não compartilhar o que acontece em um nível pessoal com os peregrinos, nem reproduzir nenhuma das centenas de fotos que tenho das minhas diversas peregrinações com eles.

Há alguns aspectos importantes sobre os quais vou comentar brevemente. O primeiro é a preparação. Há uma quantidade incrível de práticas tradicionais que devem ser estritamente seguidas pelos peregrinos, e cabe ao xamã e aos anciãos ver que tudo seja feito corretamente. Existem lugares sagrados ao longo do caminho que devem ser visitados e oferendas devem ser feitas aos espíritos do local. Um desses locais é uma fonte sagrada onde o xamã coleta água para levar de volta para casa e ajudar no chamado da chuva para alimentar suas plantações. Outro se localiza fora do deserto, onde os peregrinos devem "confessar" suas relações sexuais do passado na frente de todos e do Avô Fogo para se purificarem o bastante para entrar com segurança no deserto do peiote. Se alguém não confessar tudo, ele

> *A primeira vez que alguém coloca peiote na boca, a pessoa o sente descer para o estômago. Parece bem frio, como um gelo. E o interior da boca fica seco, bem seco. O corpo começa a ficar fraco. Parece que vai desmaiar. E a pessoa começa a bocejar e se sentir muito cansada. E, depois de um tempo, a pessoa se sente bem leve. Todo o corpo começa a ficar leve, sem sono, sem nada.*
>
> *... a pessoa olha para cima e o que vê? Escuridão. Apenas escuridão. É muito escuro, muito negro... E, quando se olha para cima de novo, é uma escuridão total, exceto por um pouquinho de luz, um tiquinho de uma brilhante luz amarela. Ela vem lá, um amarelo brilhante. E a pessoa olha para o fogo... Mas o mara'akame (xamã), o que ele vê? Ele vê Tatewari (espírito do Avô Fogo), se ele for chefe daqueles que vão caçar peiote. E ele vê o sol. Ele vê o mara'akame venerando o fogo e ouve aquelas orações, como música. Ele ouve orações e cânticos.*
>
> (XAMÃ HUICHOL, CITADO EM MEYERHOFF, p. 219)

ou ela corre um grave risco, até de morte, pelas mãos dos espíritos que vivem no deserto.

Depois da entrada dos peregrinos no deserto sagrado, vivenciei variações do que eles fazem em seguida. Isso tem a ver com o nível de experiência do xamã e dos anciãos do grupo, e o quanto eles se prendem rigidamente às velhas tradições. As peregrinações familiares, muitas vezes, demoram menos e são menos árduas, porque os peregrinos não são responsáveis por completarem todos os rituais complexos relativos à comunidade maior. Essa responsabilidade é assumida por anciãos, xamãs e *jicareros* (guardiões da tradição), que servem atualmente em uma obrigação (*cargo*) de cinco anos no templo da sua comunidade (centro cerimonial). A peregrinação feita por esse grupo é a mais intensa, pois cada lugar sagrado ao longo da rota deve ser homenageado, e cada tradição de caçar, coletar, preparar, ingerir e carregar para casa o peiote é mantida com rigidez. Quando convidado para a peregrinação com os carregadores do templo, especialmente um dos principais centros cerimoniais, como aqueles em Santa Catarina, sempre fico com um nó no estômago, porque todas as vezes é uma das coisas mais desafiadoras pelas quais já passei.

Embora o ritual específico possa variar um pouco, todos os huichóis "caçam" o peiote como fariam com um veado. Na cosmologia huichol, a trindade do veado, do peiote e do milho é inseparável. Todos eles compartilham um corpo, uma carne. Depois de encerradas todas as preparações e as tradições de purificação e oferendas, os peregrinos formam uma linha, cruzando o deserto de um lado a outro com o xamã e os líderes anciãos no meio. O xamã segura a galhada de um veado, caçado e morto especificamente para esse momento, e eles começam a atravessar um portal mágico e entrar no deserto sagrado. O xamã caça um peiote "mãe", uma moita com muitos dos cactos redondos que crescem em um formato particular. O formato mais sagrado é quando os botões de peiote cresceram de uma forma que lembra um veado.

Uma vez encontrada a mãe peiote, o xamã atira ritualisticamente uma flecha sagrada no coração do peiote, em seguida, ocorrem muitos rituais e oferendas, então, os peregrinos se espalham e começam a colher o peiote na área ao redor da mãe. A colheita é feita com uma faca afiada ou um facão. O botão do peiote, que mal roça o solo, é cortado cuidadosamente onde a única raiz do cacto se junta ao botão carnudo. Dessa forma, o peiote crescerá novamente a partir da mesma raiz e, muitas vezes, brotarão diversos botões.

A coleta de peiote pode durar de dois a cinco dias e, com cada noite sendo gasta para ingerir peiote com o Avô Fogo, cânticos são entoados pelo xamã e seus assistentes, levando os peregrinos a jornadas para outros mundos, e a lugares no tempo e no espaço.

O cacto de peiote fresco só pode ser consumido no deserto sagrado onde é coletado e por alguns dias depois. Então, o cacto seca, e essa secagem costuma ser feita de uma forma especial, preparando (limpando e removendo todos os tufos brancos que crescem no botão, a sujeira, etc.) e fatiando o cacto, enquanto também se faz um pequeno buraco no centro, a fim de que os botões possam ser unidos por um fio e pendurados no Sol. Quando os botões estão secos, eles são moídos para fazer um pó que é misturado com água e bebido durante o ciclo anual de cerimônias.

O peiote continua a ser um componente essencial da cultura huichol, entre muitos outros, simplesmente porque serve como um elemento principal que unifica e ajuda a preservar os valores tradicionais, as crenças e a saúde das tribos.

Na minha experiência com o povo huichol, as cerimônias de peiote que giram em torno dessa planta sagrada incutem os aspectos espirituais da vida em todos os membros da comunidade, reforçando, assim, seu lugar no mundo, tanto como indivíduos, quanto como comunidade. Isso substitui o vazio existencial mais encontrado na sociedade moderna, com uma estrutura psicológica e uma visão de mundo fundamentadas.

Ayahuasca (Cipó-da-Alma)

Descrição: ao contrário do cacto peiote sagrado, que requer pouca preparação e não costuma ser misturado a nenhum outro estimulante (exceto durante certas cerimônias, nas quais ocorre o uso ritualístico do tabaco com o peiote), o chá de ayahuasca é uma bebida complexa, preparada com um cipó tropical (*Banisteriopsis caapi, inebrians*) e, então, misturada com outros ingredientes

Os xamãs (amazonenses) estão claramente conscientes do senso subjacente de suas (metáforas) e referem-se a elas como "linguagem torcida"... Desse modo, peixe torna-se "queixadas de colarinho branco" por causa da semelhança das guelras do peixe com os traços brancos no pescoço desse tipo de queixada; onças tornam-se "cestos", porque as fibras desse tipo específico de cesta com um trançado mais solto forma um padrão precisamente semelhante às pintas de uma onça.

(TOWNSLEY, p. 270)

para conquistar forças diferentes e experiências. Etnobiólogos notam que uma variedade de mais de duzentas plantas são usadas nas diferentes infusões feitas pelos xamãs de ayahuasca da América do Sul.

Hábitat: os cipós e outros ingredientes do chá de ayahuasca são encontrados na América do Sul. O uso mais comum é no Peru, no Equador, no Brasil, na Argentina, na Bolívia e na Colômbia.

Uso xamânico e cultural: normalmente, o chá de ayahuasca é preparado raspando-se a casca fresca do cipó na água, que é então fervida por muitas horas, até um líquido espesso ser produzido. Uma das coisas que torna o uso de ayahuasca tão interessante e especial é que os efeitos são intensificados de forma significativa pela adição de muitas outras plantas, algumas das quais não são encontradas perto umas das outras. O fato de essas plantas funcionarem tão bem juntas e de a mistura ficar bem mais potente do que qualquer uma das espécies individuais sozinhas dá uma ideia do vasto conhecimento que os xamãs de ayahuasca possuem e de um vislumbre de sua cosmovisão.

Os xamãs de ayahuasca da América do Sul desenvolveram habilidades perceptivas notáveis relativas ao seu ambiente natural, que resultam de sua visão abrangente dos reinos vegetal e animal, dos quais os seres humanos são vistos como integrantes. A completa dependência da floresta tropical para a sobrevivência levou a sofisticadas habilidades de interpretação, não apenas para saber os diferentes efeitos das plantas no chá de ayahuasca, mas também cada aspecto e sistema da selva. Esses xamãs têm um conhecimento extraordinário da polinização e dos ciclos frutíferos das plantas comestíveis e onde elas são encontradas, de quais tipos de alimentos cada animal da floresta prefere comer, onde eles se localizam, além da melhor forma de caçá-los e prepará-los para as refeições.

O chá de ayahuasca ajuda os xamãs com essas habilidades de sobrevivência e muito mais, incluindo curar doenças, encontrar almas perdidas e prever o futuro. Ele faz isso colocando o xamã diretamente no reino espiritual, onde a informação é direta e sem julgamentos ou crenças impostos pelos seres humanos.

Como observado no capítulo 5, e semelhantemente aos xamãs de peiote, a maioria dos xamãs de ayahuasca "canta" enquanto está sob os efeitos do poderoso chá. As músicas são recebidas por meio dos espíritos da selva, e são extremamente pessoais e poderosas. De fato, em geral, apenas outros xamãs conseguem entender essas canções e, muitas vezes, somente o xamã que canta uma canção específica sabe o que ela significa e para que pode ser usada. Em vários casos, as palavras dessas canções não vêm nem no idioma da tribo ou são muito metafóricas e contêm analogias incompreensíveis a todos, menos ao xamã.

Sob a influência do ayahuasca, o xamã pode também "cantar a voz" de um animal, árvore, planta ou outro ser da natureza, dependendo dos resultados que ele tenta obter. No entanto, o nome "verdadeiro" de um ser mencionado em uma canção nunca é usado. Referir-se a um ser complexo, dando a ele um nome único, seria um insulto ao espírito. Para o espírito ajudar o xamã, o espírito deve ser persu-

Existe um mundo além do nosso, um mundo que é distante, próximo e invisível. E existe o lugar onde o Deus vive, onde os mortos vivem, os espíritos e os santos. Um mundo onde tudo já aconteceu e tudo é conhecido. Esse mundo fala. Tem uma linguagem própria. Relato o que ele diz.
O cogumelo sagrado me pega pela mão e me traz ao mundo onde tudo é conhecido. São eles, os cogumelos sagrados, que falam de uma forma que eu entenda. Pergunto e eles me respondem. Quando retorno da viagem que fiz com eles, conto o que eles me contaram e o que eles me mostraram.

(MARIA SABINA, XAMÃ MAZATECA, CITADA EM HALIFAX, 1979, p. 130).

adido a cantar por meio dele, e isso exige um respeito absoluto entre um e outro. Esse é outro motivo por que absolutamente tudo na selva é considerado sagrado pelo xamã, e qualquer dano ou desrespeito irrefletidos, causados pela comunidade do xamã à espécie da selva, terão consequências imediatas e prejudiciais impostas pelos espíritos da selva.

Psilocybe (Cogumelos)

Descrição: há pelo menos oito espécies diferentes de cogumelos com psilocibina em todo o mundo. Os mais comuns para o uso xamânico em rituais são: *psilocybe mexicana* e *cubensis*. Embora bem diferentes fisicamente, todos os cogumelos com psilocibina são pequenos e de visual discreto, e muitos parecem quase idênticos a outros cogumelos venenosos. O chapéu do cogumelo *mexicana* tem apenas um ou dois centímetros de largura, com um formato cônico, enquanto no *cubensis* ele vai de plano a convexo. Apenas xamãs muito experientes sabem quais cogumelos coletar e usar nos rituais.

Hábitat: os cogumelos com psilocibina crescem em muitos lugares em todo o mundo, incluindo o sudeste dos Estados Unidos, o México, a maior parte da América do Sul, as Filipinas, a Tailândia, a Nova Zelândia e a Austrália.

Uso xamânico e cultural: historicamente e em tempos modernos, o uso xamânico da psilocibina é de longe mais prevalente em tribos mexicanas, como os mazatecas, os zapotecas, os mixtecas e os nahaus. Evidência arqueológica também indica o uso dos cogumelos sagrados na Guatemala, em Honduras, em El Salvador e partes da América do Sul. Os antigos astecas do México os consideravam tão sagrados, a ponto de serem chamados de *teonanacatl* (a carne divina) e os usarem na maioria de suas cerimônias sagradas.

Até hoje, em bolsões do México onde as tradições continuam vivas, os cogumelos sagrados ainda são usados em rituais de cura e sessões espíritas. Os xamãs mais tradicionais ainda mandam uma garota virgem coletar os cogumelos sagrados na época da Lua Nova e, então, levá-los rapidamente ao altar de uma igreja, depois do que eles podem ser preparados e ingeridos. Em muitos aspectos, a cerimônia do cogumelo reflete elementos tanto dos rituais com peiote quanto aqueles com o chá de ayahuasca, pois também incluem a entonação de cânticos, visões e o contato com o mundo espiritual.

Datura (Erva-do-Diabo)

Descrição: datura é uma planta de florescimento vespertino que costuma alcançar 1,20 metro de altura. A planta produz frutos espinhosos com cerca de 2,5 centímetros de diâmetros e grandes flores brancas ou roxas em formato de trompete, que são tão lindas e, muitas vezes, usadas para decoração. Seus nomes populares incluem erva-de-jamestown, planta-da-lua, sino-do-inferno, erva-do-diabo, pepino-do-diabo, maçã-espinhosa (pelo fruto espinhoso), maxixe-bravo (por ser parecido) e trombeta-do-demo (por suas flores grandes em formato de trombeta).

Hábitat: há aproximadamente 15 espécies de datura que crescem nas zonas mais temperadas e tropicais em todo o planeta.

Uso xamânico e cultural: a datura é tão potente que, se não for coletada de maneira adequada e usada por um xamã experiente, tem o potencial para alucinações adversas graves e psicose, o que lhe rendeu os apelidos de erva-do-diabo, impostora, criadora de tolos e erva louca, entre outros.

Há não muito tempo, dois professores do ensino médio de Los Angeles vieram em uma das minhas jornadas a pontos de poder em Sedona e, enquanto caminhávamos no cânion, mostrei para eles uma datura em uma linda floração e lhes expliquei sobre a planta. Enquanto eu lhes dava informações sobre a planta, senti uma tensão nos dois e os questionei sobre isso.

Acontece que uma das mulheres era uma orientadora escolar que tinha lidado recentemente com uma situação de dois alunos que encontraram a datura crescendo nas fendas de uma calçada no seu bairro urbano, em Los Angeles. Os adolescentes descobriram o que era a planta, e a ingeriram por curiosidade e diversão. Os dois foram parar no setor de psiquiatria do hospital local e, dois meses depois, ainda eram tratados por lembranças recorrentes e sonhos.

Dito isso, a planta datura foi e ainda é uma planta xamânica sagrada em muitas culturas em todo o mundo, não apenas como uma erva visionária, mas também medicinal. Apesar de todos os seus perigos inerentes, quando manuseada por xamãs qualificados, é utilizada como um aliado vegetal visionário, um afrodisíaco e um tratamento para transtornos mentais, doenças de pele e várias febres. Na África, ela costuma ser fumada para o alívio da asma e de problemas pulmonares. O povo Yaqui a usa para diminuir a dor do parto.

Os xamãs Zunis colocam o pó preparado das raízes em seus olhos e mastigam as raízes, enquanto rogam aos espíritos por chuva ou quando curam uma vítima de um osso quebrado ou outra lesão grave. E tão poderosa e misteriosa é a datura, que tribos, como os Algonquinos, usavam-na para iniciar os jovens na vida adulta. Durante uma iniciação de aproximadamente 21 dias, que incluem doses cavalares de datura, os iniciados "apagam" suas vidas passadas e assumem o papel de membros adultos da tribo, sem qualquer memória de quando eram meninos.

Agário-das-moscas (*Amanita muscaria*)

Descrição: o agário-das-moscas é um cogumelo proeminente, por causa de seu chapéu vermelho vivo relativamente grande, que costuma ter de sete a 20 centímetros de diâmetro quando totalmente desenvolvido. Outra qualidade distintiva é a presença de várias manchas ou pintas amarelas decorando o chapéu.

Hábitat: o agário-das-moscas é um cogumelo cosmopolita que pode ser encontrado vivendo em florestas temperadas por todo o Hemisfério Norte e na América do Sul, na Nova Zelândia, na Austrália e na África do Sul.

Uso xamânico e cultural: o agário-das-moscas foi e, às vezes, ainda é usado pelos xamãs em regiões específicas da Sibéria. Existe uma lenda Koryak sobre o Big Raven (Grande Corvo), que capturou por engano uma baleia gigante, mas não teve força de devolver a baleia ao seu lar no mar. Na história, a divindade Vahiyinin ("Existência") cuspiu na terra, e seu cuspe virou o *wapag* (agário-das-moscas), já sua saliva se transformou nas verrugas, ou seja, nas pintas brancas no chapéu do cogumelo. Depois de experimentar o poder do *wapag*, Big Raven ficou tão revigorado, que obteve a força para devolver a baleia ao mar; disse-lhe para continuar a crescer para sempre na Terra para que seus filhos, o povo, pudessem aprender com ela.

> *Os indígenas foram colocados aqui neste planeta com árvores, plantas, animais e água, e o xamã obtém seu poder deles. Um xamã pode obter seu poder do falcão que vive nas montanhas. Outro pode tirar seu poder da águia, da lontra ou do urso. Há muito tempo, todos os animais eram indígenas (eles podiam falar). Acho que é por isso que os animais ajudam as pessoas a serem xamãs.*
>
> (XAMÃ PAVIOTSO, CITADO EM PARK)

Entre algumas tribos siberianas, o agário-das-moscas é usado em rituais para auxiliar o xamã a viajar para outros planos.

O pesquisador Gordon Wasson alegou ter evidências o suficiente para provar que o agário-das-moscas é Soma, o deus dos texto indiano *Rig-Veda*, que inclui mais de uma centena de hinos sagrados dedicados ao poderoso alucinógeno.

O *Rig-Veda*, junto a relatos da Sibéria, contém casos de xamãs que consomem o agário-das-moscas e, então, de outros que bebem a urina dele depois. Isso aparentemente não era visto como ofensivo, pois o agário era tratado como um deus. Outros especularam que o xamã estivesse simplesmente sendo usado como um filtro e que sua urina ainda continha a magia do cogumelo, que outros poderiam usar sem alguns dos efeitos colaterais horríveis associados com a ingestão direta do cogumelo.

O agário-das-moscas também tem uma história influente entre os xamãs no México e na Guatemala. Historicamente, os cogumelos sagrados estiveram associados com relâmpagos e trovões. Os maias das terras altas relacionam o cogumelo ao "Senhor dos Relâmpagos", que instrui os concessores de chuva a fornecer a mistura para os milharais.

Ao contrário do cogumelo alucinógeno popular *psilocybe*, que ganhou fama nos psicodélicos anos 1960, o uso recreativo do agário-das-moscas é raro. É uma droga fora do programa nos Estados Unidos (ou seja, essa droga não é controlada pelo FDA), e atualmente é legal e não está sob o controle da lei internacional das Nações Unidas.

Espíritos Animais

Um tema comum no xamanismo é a conquista de guias espirituais na forma de outras espécies. Na Sibéria, na América Central e em muitas outras regiões, a águia e o falcão são sempre associados ao xamã, pois os espíritos dessas aves ajudam a consciência dele a voar para mundos superiores e submundos.

Águias, falcões e várias outras aves de rapina usam colunas térmicas, colunas crescentes de ar em virtude da convecção, para planar e, portanto, utilizam pouca energia no voo. As margens e as linhas de orientação das cordilheiras, das linhas costeiras e dos vales do rio produzem "estradas" para essas aves, e não há dúvidas de que xamãs de todo o mundo colheram conhecimento específico conectando-se com as aves aliadas. Nas regiões do mundo maia, a chegada dos falcões-de-swainson migratórios avisa para o xamã onde plantar suas plantações sagradas, especialmente o milho. Às vezes, literalmente milhares desses falcões voam juntos da América do Norte e atravessam a pátria maia em seu caminho para a Argentina, em abril, e voltam novamente em outubro. Na primavera, o falcão imediatamente os avisa da plantação de milho, e quase sem falhar chove no dia seguinte.

Para o xamã Ainu, todas as criaturas não humanas e entidades são seres com:

> [...] atributos sobrenaturais que vivem de um modo totalmente antropomórfico em seus próprios mundos divinos, onde eles são invisíveis aos olhos humanos, mas que também compartilham um território em comum com os humanos e fazem visitas frequentes aos humanos disfarçados. Os animais são deuses disfarçados.[22]

22. Donald L. Phillippi, *Songs of Gods, Songs of Humans: the Epic Tradition of the Ainu* (Tokyo: University of Tokyo Press, 1979), p. 59.

Portanto, o mundo é compartilhado por humanos e deuses, e o relacionamento entre os seres humanos e a natureza é sagrado, e o xamã, como intermediário, deve mantê-lo em equilíbrio.

Iniciações xamânicas com animais referem-se a um tópico tão vasto e complexo quanto a variedade de culturas xamânicas em todo o planeta que as praticam. As várias técnicas empregadas pelas culturas xamânicas para se conectarem com os espíritos de animais são usadas por muitos motivos, alguns dos quais são:

- Pedir por sucesso na caça;
- Adquirir o espírito de um animal para ter mais conhecimento pessoal e poder;
- Pedir por proteção do espírito animal (pessoal ou para a tribo);
- Pegar emprestada temporariamente a percepção única do animal para "ver" de forma intensificada, espiar os inimigos ou obter visões espirituais;
- Homenagear e celebrar o relacionamento entre a tribo e os reinos animais;
- Conectar-se com os espíritos dos ancestrais falecidos que assumiram a forma animal;

Pedir conselhos na área de especialidade de um animal específico.

Em muitas culturas xamânicas, o xamã terá um relacionamento tão profundo com o espírito de um animal, que ele ou ela adotará o nome do animal como parte do seu. Exemplos na América do Norte incluem xamãs famosos como Sitting Bull (Touro Sentado), Crazy Horse (Cavalo Maluco), Black Elk (Alce Negro), Frank Fools Crow (Corvo Frank Fools) e Lame Deer (Veado Manco).

Nós subimos em um fiorde na praia, perto de uma caverna, e o ancião tirou as roupas e entrou. Ele me disse para prestar atenção ao que aconteceria a seguir. Fiquei escondido um pouco distante e esperei. Não demorou muito até eu ver um urso gigante vir nadando, andar pela praia e se aproximar do mago. O urso saltou sobre ele, o mastigou, membro por membro, e o comeu. Então ele o vomitou de novo e foi embora nadando.

Um espírito animal que guia um xamã, ou qualquer um, por falar nisso, costuma ser chamado de totem. O primeiro totem animal reconhecido em mim por outros, de uma forma significativa o bastante para inspirar um nome, foi o bode montanhês. Nesse momento da minha vida, eu era apaixonado por alpinismo, montanhismo, saltos e, literalmente, descer correndo de montanhas íngremes e rochosas. Felizmente, eu conseguia fazer isso sem me lesionar, por ter a condição física e destreza necessárias. Muito para a minha humilhação, o nome "James Mountain Goat" acabou sendo reservado para introduções formais, enquanto a versão mais curta "Jimmy Goat" era cada vez mais usada por meus companheiros mais próximos. O nome em si tornou-se instrutivo e fortalecedor para mim naquele momento da minha vida, embora não fosse nada glamoroso.

Reconhecendo o totem animal do bode montanhês dentro de mim, eu me abri para descobrir que esse totem animal ia muito além da proeza física demonstrada por nós dois nas rochas. Buscando o espírito do bode montanhês, aprendi que ele prefere passar seu tempo em locais altos inacessíveis a outros, e trilhar

Quando me aproximei da caverna, o ancião estava deitado, gemendo. Ele estava muito exausto, mas conseguiu remar para casa sozinho. No caminho de volta, ele me disse que, a cada vez que se permitia ser devorado vivo pelo urso, obtinha um poder maior sobre seus espíritos auxiliares...
Logo depois, ele me levou em uma jornada novamente, e foi dessa vez que eu mesmo fui comido pelo urso... Nós saímos remando e chegamos à caverna; o ancião me disse para tirar minha roupa...
Fiquei deitado lá por pouco tempo até que ouvi o urso vindo. Ele me atacou e me mastigou, membro por membro, articulação por articulação, mas, por mais estranho que isso possa parecer, não doeu nada...
Desse dia em diante, senti como se regesse meus espíritos auxiliares. Depois disso, adquiri muitos espíritos auxiliares novos e nenhum perigo poderia me ameaçar mais, pois eu estava sempre protegido.

(XAMÃ ESQUIMÓ DA GROENLÂNDIA, CITADO EM RASMUSSEN, 1908)

caminhos perigosos e precários. Carreguei esse totem com mais força dentro de mim quando estava no início dos meus 20 anos, e era um verdadeiro pesquisador e investigador. Minhas jornadas para me encontrar e descobrir meu lugar no mundo e no cosmos me levaram muitas vezes a situações precárias, em outras, aos caminhos ilusórios das plantas medicinais, sempre buscando uma compreensão maior, mas muitas vezes correndo o risco de cair de uma altura mortal. Enquanto eu passava o tempo nas montanhas com o bode montanhês, aprendi sobre seu couro espesso, algo que eu também precisava física e psicologicamente para me proteger na minha jornada de descoberta. Também encontrei dentro de mim os chifres perigosos e místicos do bode, que são uma grande fonte de poder e mistério, pois o bode montanhês é conhecido por matar até ursos-pardos, quando necessário, e por deixar seus chifres mágicos o guiarem na neve ofuscante, quando todos os outros sentidos falham.

O espírito do bode montanhês ainda vive dentro de mim, e eu o considero um totem pessoal até hoje. Meus muitos encontros com esse espírito nos despenhadeiros íngremes e perigosos das Montanhas Rochosas estão gravados para sempre no meu ser, e os invoco quando necessário. Mas houve vários outros espíritos com os quais me aliei, à medida que minhas circunstâncias mudaram e minha vida se desenrolou. Quando lidar com espíritos animais e totens, deve-se sempre estar ciente das novas oportunidades, e quando uma alteração ou mudança no seu totem dominante é necessária. No meu caso, foi o bode montanhês que, no fim, levou-me ao evasivo carneiro silvestre. Esse novo espírito animal na minha vida marcou uma mudança das minhas excursões quase imprudentes à beira de precipícios para um período mais cerebral, em que eu ainda vivia com os carneiros acima do nível das árvores e, portanto, distante da sociedade tradicional, mas de uma forma mais confortável, que me permitia pastar no capim delicado das palavras e das meditações humanas. Na forma espiralada dos chifres do carneiro adulto, percebi um novo ciclo começando na minha vida e, desse modo, o carneiro da montanha foi um totem temporário, mas muito significativo, para mim.

No meu caso, dúzias de espíritos animais vieram e foram embora, alguns permanecem comigo até hoje e outros apenas me tocaram brevemente em um momento apropriado para nós dois. Muitas lições foram compartilhadas comigo pelos espíritos de formigas, aranhas, borboletas, cascavéis e cobras-reais, várias espécies de lagartos, gaios-azuis, tordos, abutres, falcões, veados, coiotes, lobos, miragaias, trutas-arco-íris e, mais recentemente, caititus (queixadas), onças-pardas, beija-flores, pombos, corvos e, é claro, meus fieis companheiros caninos. Minha companheira canina Sophie é uma xamã no corpo de uma pastora-alemã. Se eu tivesse ouvido o que ela me dizia em certos momentos, poderia ter evitado um monte de erros de julgamento e as dores do coração que os acompanharam.

Capítulo 8

As Ferramentas do Xamã e a Medicina Sagrada

As ferramentas usadas pelos xamãs para fazer seu trabalho variam muito, de acordo com as distinções culturais e a vocação específica. Alguns recebem presentes, como itens físicos, enquanto outros são instruídos pelos demais xamãs ou assistentes espirituais a respeito de práticas específicas a serem empregadas como medicamento para seu povo.

A palavra *medicinal* no mundo xamânico significa muito mais do que apenas tomar um comprimido, e se estende além da farmacologia ocidental. O medicamento xamânico poderia ser tudo o que o xamã usa para facilitar seu trabalho. Pode ser uma simples história contada pelo xamã a um paciente em um momento crucial; pode ser o uso de fumaça, fogo, sopro, fontes sagradas, locais sagrados, plantas, animais, calor extremo, jejum, música, dança, oferendas e a utilização de itens sagrados, tais como penas, pedras ou cristais obtidos pelo xamã de uma forma especial. Todas essas coisas são o que eles empregam como ferramentas para equilibrar a energia ou invocar assistentes espirituais para ajudá-los em seu trabalho.

Diversos xamãs também personificam ou manifestam a energia de algumas ou de todas as suas ferramentas por meio de roupas ou ornamentos que vestem, ou até no simbolismo da arte corporal permanente, como tatuagens. Em qualquer caso, as ferramentas do xamã facilitam o foco de atenção no medicamento que o xamã emprega, seja para curar, adivinhar, caçar, celebrar ou enfeitiçar.

Vestuário e Arte Corporal Sagrada

Algumas das peças de roupa xamânicas mais elaboradas do mundo vêm da Sibéria. Esses trajes longos, muitas vezes, são costurados com tendões de renas e bordados com os pelos de vários animais familiares ao xamã. Partes de animais, como penas, caudas, cascos e ossos, adornam a roupa. Assim, o xamã é protegido e recebe a companhia de seus ajudantes espirituais animais, também conhecidos como animais de poder. Chapéus são feitos de pele de animais e, às vezes, incluem o focinho de um animal de poder, como um lobo ou um urso. Espelhos para ver outros mundos, sinos que ajudam a ouvir mensagens e desenhos representando a árvore mundial, os portais e a morte e o renascimento do xamã também são elementos comuns.

Os xamãs coreanos se vestem de uma forma semelhante e podem até usar muitos trajes diferentes durante uma única cerimônia. Diversos xamãs em várias culturas têm trajes especiais que eles vestem durante as cerimônias. No México e em outros lugares do mundo, o traje cerimonial inclui roupas coloridas com belos bordados, com imagens do animal e dos aliados espirituais do xamã que, segundo dizem, moram no traje. Borboletas, pássaros, veados, lobos e aliados espirituais vegetais são exibidos de forma intricada, e utilizados para conectar o xamã à realidade multidimensional e personificar os espíritos.

Na Amazônia, os xamãs costumam usar cocares elaborados com penas, com cada tipo diferente representando os poderes do xamã. Além disso, várias culturas empregam a pintura corporal com argila e outros pigmentos naturais. Muitas vezes usada durante as cerimônias, a pintura corporal ainda é encontrada entre algumas tribos indígenas da América do Sul, do México, da Austrália, da Nova Zelândia, das Ilhas do Pacífico e partes da África. Uma forma de pintura corporal semipermanente conhecida como *mehndi*, usando tintas feitas de hena (por isso também conhecida, bem erroneamente, como "tatuagem de hena"), era e ainda é praticada na Índia e no Oriente Médio. Povos indígenas da

América do Sul usam tradicionalmente urucum, jenipapeiro ou carvão molhado para decorarem seus rostos e corpos. O jenipapo é semipermanente e leva, em geral, algumas semanas para essa tinta preta sair.

Outra modificação corporal permanente é tatuar a pele com símbolos e desenhos sagrados. O povo Ainu do Japão usava tradicionalmente tatuagens faciais, e até hoje os berberes de Tamazgha e os maoris da Nova Zelândia utilizam tatuagens faciais em um contexto sagrado e xamânico. A tatuagem do corpo foi difundida entre os povos polinésios e entre certos grupos tribais nas Filipinas, em Bornéu, nas Ilhas Mentawai, na África, nas Américas do Norte, do Sul e Central, na Europa, no Japão, no Camboja, na Nova Zelândia e na Micronésia.

A colocação de *piercings* no corpo, termo usado em geral para caracterizar o adorno de algum tipo de joia ou item sagrado, foi e é outra forma de modificação corporal usada pelos xamãs como ferramenta para estados alterados de consciência. As orelhas, a boca, a língua e os genitais são os locais mais comuns.

Música e Som

Algumas das ferramentas xamânicas mais potentes são aquelas usadas para produzir vibrações sônicas e ritmos melódicos. O tambor é, de longe, o instrumento sonoro xamânico mais usado e ganha seu próprio tópico mais adiante. Mas muitos outros instrumentos são utilizados pelas culturas xamânicas e podem ser agrupados em quatro categorias gerais:

Idiofones (Instrumentos que são chacoalhados, batidos ou esfregados)

Chocalho: o instrumento mais comum desse tipo. Entre seus tipos, estão aquelas maracas feitas de cabaças com sementes, seixos ou dentes dentro, ou vários objetos amarrados, como conchas, ossos, dentes ou cascos presos a um objeto simples, que seja fácil de pegar, ou até algum tipo de moldura.

Sino, carrilhão, gongo: em geral feito de pedra, madeira ou metal, e tocado com a mão.

Tambor de concussão: cabaça ou madeira oca que produz som batendo a extremidade aberta no chão ou outra superfície plana.

Idiofone de raspagem: costuma ser feito de madeira, osso ou pedra, que tenham sido serrados de forma que outro objeto possa ser raspado nele, para criar um som singular.

Badalo: em geral, é uma peça única de madeira ou bambu com formato cilíndrico que tenha sido separada em parte, ou dois desses objetos unidos.

Aerofones (Instrumentos de sopro)

Apito: feito geralmente de um osso fino ou bambu oco, para criar um único tom.

Apito oblíquo: um objeto cujo som sai soprando pela parte de cima (como uma garrafa de gargalo fino).

Rombo ou campainha: um objeto que é unido a um pedaço de barbante e agitado no ar.

Flauta: instrumento de bambu, osso, madeira ou argila, projetado para criar vários tons usando o sopro.

Trombeta: em geral uma concha, chifre ou cabaça, mas às vezes é feita de madeira, como no caso do didjeridu/didgeridoo.

Membranofones (Tambores de pele esticada)

Tambor de moldura: uma ou duas faces, com a pele esticada sobre uma moldura.

Tambor falante: a tensão da pele pode ser manipulada para mudar a altura do som.

Tambor cilíndrico: costuma ter o formato de um barril, cone ou ampulheta, às vezes com pés ou um buraco do lado.

Tambor de argila ou de cerâmica: às vezes, esses tambores têm água embaixo da pele da face.

Cordofones (Instrumentos de corda esticada)

Arco de boca: corda segurada pela boca e tangida com a mão ou tocada com uma vareta ou osso.

Arco ressonante: a corda é posicionada entre as laterais de uma cabaça, cesto ou outro objeto oco.

Harpa: várias cordas que são tangidas ou dedilhadas.

Violino: instrumento feito de madeira com uma única ou várias cordas, que é tocado arrastando outras cordas por meio dele.[23]

Não importa qual instrumento ou modo for usado para produzir música ou sons xamânicos, o aspecto mais característico que todas as formas xamânicas têm em comum é que elas não são compostas ou escritas em partituras como notas a serem seguidas. Esse modo não escrito de fazer som vem do imediatismo do momento e não depende tanto da habilidade do músico, mas do próprio som, como representativo de uma das forças primevas da criação. Nesse sentido, a música xamânica é o som do mundo natural tornado imediato e audível por meio do milagre da interação entre instrumento e ouvido – uma ressonância sem se tornar interna. Essa interação dinâmica reconhece o som como um espaço espiritual em si, em vez de um espaço particular que contém som.

Tambores

Uma das primeiras vezes em que fui convidado a uma cerimônia Wirrarika, levei meu tambor de couro de oito lados comigo, ao saber que os xamãs e as pessoas na cerimônia tocariam tambor. O meu tinha

23. Veja *Ecoshamanism*, capítulo 4.

cerca de 45 centímetros de diâmetro, feito para ser segurado pela mão e o ganhei de presente de um grande amigo. Eu o usei também em várias cerimônias em casa nos Estados Unidos, mas nunca na Sierra Madre do México nem com xamãs Wirrarikas.

Depois do anoitecer, o fogo sagrado foi aceso na enorme tenda circular, que é o templo Wirrarika, e levei meu tambor enquanto os demais levavam os deles. Mas, assim que o xamã principal viu meu tambor, ele o encarou profundamente por um bom tempo, então olhou para mim e me disse para guardá-lo.

Nem preciso dizer que, naquele instante, fiquei um tanto confuso. Eu tinha meticulosamente levado meu tambor na árdua viagem para chegar à comunidade e à cerimônia deles, apenas para me falarem que eu não poderia usá-lo.

Tentei perguntar ao xamã o motivo para sua dispensa do meu tambor, mas ele apenas fez um sinal para que eu saísse e continuou com os preparativos para a cerimônia. Sentindo-me bem desanimado, e um pouco envergonhado, saí do templo e fui para o ar livre, no frio ar da noite daquelas belas montanhas.

Eu me sentei sozinho ao ar livre por algum tempo e ouvi os sons dos tambores e a dança ritmada rolando dentro do templo, antes que um dos meus amigos Wirrarikas viesse falar comigo e pedir para me juntar a eles. Senti-me feliz e obrigado a aceitar o convite, mas ainda queria saber qual era o problema com meu tambor.

Então, meu amigo me fez algumas perguntas pertinentes, que eles costumam fazer para responder às minhas dúvidas. Ele perguntou: "Você fez aquele tambor?" Minha resposta foi não. Em seguida, disse: "Você sabe de onde veio o couro daquele tambor ou o animal usado para fazê-lo?" Minha resposta foi não. E fez mais uma pergunta: "A madeira que forma aquele tambor – você sabe de onde ela veio e de quais árvores?" Minha resposta foi não.

Então, ele prosseguiu: "O tambor canta a voz do animal e de outros seres usados em sua confecção. Nessa cerimônia, nós tocamos tambor, cantamos com esses seres e por intermédio deles. Se você não conhece os seres que formam seu tambor, não consegue cantá-los. Por isso seu tambor é inútil aqui. Mas, anime-se! Tenho certeza de que, da próxima vez que você vier à nossa cerimônia de tambor, terá um adequado, com o qual poderá cantar. Enquanto isso, há muitos jovens aqui sem tambores. Você ainda pode vir e dançar as danças sagradas, e ouvir e sentir os nossos tambores. Isso o ajudará na fabricação do seu próprio tambor".

O tambor é, de longe, o instrumento xamânico mais popular em todo o mundo, e não há experiência igual ao ritual de elaboração de um tambor de couro do início ao fim. Embora a maioria das pessoas interessadas atualmente no xamanismo não faça seus tambores do zero, a popularidade de tocar e fabricar tambores levou a uma proliferação de livros, cursos e seminários em que se pode aprender sobre a fabricação desses instrumentos. Um ponto que eu gostaria de salientar, no entanto, é que, não importa qual instrumento você faça, é fundamental perceber que ele só cantará por seu intermédio se sua conexão com o instrumento for inerente. Na prática xamânica de tocar tambor, não existe substituto para a vibração da energia pessoal que emana de um couro que você retirou de um animal com suas próprias mãos. O ato de esfolar e descarnar, muito mais do que o ato de matar, que qualquer tolo pode fazer, é uma forma primordial e definitivamente pessoal habilidosa de se conectar e honrar o espírito do animal em cuja pele você irá bater.

Chocalhos ou Maracas

Os chocalhos ou maracas usados pelos xamãs são instrumentos poderosos que, por seu desenho, construção e materiais utilizados em sua elaboração, criam não apenas vibrações sônicas, mas também cantam a voz dos espíritos contidos e representados por eles de uma forma semelhante ao tambor xamânico. Alguns chocalhos xamânicos transmitem um simbolismo tão profundo em sua construção, que merecem um exame mais minucioso.

Vi chocalhos com um trabalho artesanal incrível em museus e durante minha temporada com xamãs indígenas, e também fiz muitos dos meus. A variedade e a complexidade desses instrumentos sonoros impressionam. Existem instrumentos com muitas configurações diferentes e feitos de vários materiais naturais. Um dos mais antigos e poderosos é a maraca feita com uma cabaça especial que o xamã é chamado para usar.

Aquela feita de uma cabaça pode ter um significado profundo, pois a cabaça costuma ser mencionada como a mãe da raça humana. Isso se deve principalmente por causa dos enormes aspectos utilitários dessa planta incrível. Desde as eras paleolíticas, a cabaça era utilizada de um modo semelhante ao qual a cerâmica seria usada mais tarde. Na verdade, muitos historiadores acreditam que o formato inicial da cerâmica foi inspirado pela cabaça. Contudo, para a humanidade antiga, a cabaça não era usada só como alimento ou um recipiente, mas também para coletar o alimento. As cabaças podem flutuar, então eram utilizadas para fazer redes de pesca, e certas variedades também eram (e ainda são) usadas como um veneno colocado em lagoas rasas para matar peixes, todavia, essas são inofensivas aos seres humanos.

Outros usos para a cabaça incluem protetores penianos, máscaras cerimoniais, gaiolas para pássaros, armadilhas para grilos, entre outros. Mas a fabricação da maraca pode ser o item ritualístico mais importante em toda a história mundial, por ter sido um dos primeiros instrumentos sonoros, e sua elaboração serve como um símbolo para a união e a dissolução dos opostos, que é um tema xamânico central. Uma explicação da construção de uma simples maraca demonstrará seu poderoso simbolismo e sacralidade.

A cabaça oca (que representa o útero vazio) tem um corte aberto em cada extremidade (a vagina), e pequenos objetos sagrados (pedras, grãos de milho, bicos de pássaros, cristais, etc.) são colocados dentro da cabaça para fazer o som do instrumento. Então, uma única haste de madeira ou osso (o pênis) é colocada dentro da abertura e amarrada, o que significa a união do masculino e do feminino. Isso também representa a fertilização do instrumento, que agora está completo, exceto quando desenhos ou pinturas são gravados ou pintados na parte externa da cabaça.

Esse tipo de chocalho, com seu simbolismo de união e a canção especial que ele canta do interior, transforma-se em um aparelho mágico que os xamãs de todo o mundo costumam usar em cerimônias para criar equilíbrio, transformação e estados alterados de consciência.

Pedras

Para os xamãs e as culturas xamânicas, formações rochosas e tipos específicos de pedras são reconhecidos não só por serem objetos estáticos, mas sobretudo por receberem uma estima sagrada como repositórios de informação e energia que estão constantemente interagindo, movendo-se e mudando.

As gigantescas montanhas amarelas, vermelhas e brancas ao redor de Sedona, Arizona, onde moro, são um exemplo perfeito. As incrivelmente belas formações de arenito de rocha vermelha formam a base das montanhas. Esse arenito foi depositado aqui principalmente pelo vento, quando as Montanhas Rochosas ancestrais (as Montanhas Rochosas que existiam antes das atuais) desapareceram pelas forças do movimento das placas tectônicas e da erosão. As composições das rochas vermelhas encontradas nesse local viajaram muito longe para chegar até aqui e têm aproximadamente 250 milhões de anos. No topo da rocha vermelha existe calcário depositado do sedimento deixado pelo fundo do oceano, quando toda a terra a oeste daqui estava debaixo da água! A camada bem no cume é de rocha vulcânica, da atividade tectônica na região, há cerca de 3 ou 4 milhões de anos.

Apenas com esse único exemplo, podemos ver com clareza que as formações rochosas e as pedras não são estagnadas, embora nós não consigamos ter a percepção de enxergar seu movimento em um vasto período geológico. As árvores representam uma boa analogia para esclarecer ainda mais esse ponto. Embora nós não vejamos o crescimento ou a deterioração de uma árvore de um momento a outro, ela está evoluindo a cada segundo e pelas estações. E, assim como uma árvore, uma pedra ou uma montanha contêm a memória energética da sua vida. As memórias incluem como ela foi formada, onde vivia e a jornada única que empreendeu.

Duas culturas que estimam as pedras e as formações rochosas como sagradas são os huichóis, da Sierra Madre Ocidental do México, e os Q'ero, dos andes peruanos. Os Q'ero se referem às montanhas altas dos Andes como *apus*, cada uma com seu próprio nome, intenção e poder. Muitas vezes, o poder do *apu* é tão grande, que o xamã Q'ero receberá suas mensagens de outras formas de vida que o *apu* sustenta, como condores, beija-flores ou onças.

As pedras individuais com as quais um xamã se identifica energeticamente são chamadas *khuya* e são usadas principalmente como ferramentas de cura, embora, assim como em muitas outras culturas, como a do povo huichol, os xamãs Q'ero também recebem mensagens das pedras, aconselham-se e fazem conferências com elas. Muitas vezes, os xamãs Q'ero passarão suas *khuyas* para seu aprendiz, e, depois do falecimento do xamã, o aprendiz entrará em contato com seu mentor por meio das *khuyas* para pedir conselhos ou ajuda.

> *Uma pedra é um campo de ação, de ação mágica, que você pode expressar, que você mantém na linguagem com a qual a pedra está conectada – à Lua, ou a Pachamama (mãe terra) ou a Mama Qocha (oceano ou grande lago). A pedra apresenta para você uma descrição do campo da consciência e um campo de ação mágica – você deve segui-la, pronunciá-la enquanto a experimenta.*
>
> (XAMÃ Q'ERO, CITADO EM WILCOX, p. 211)

Minha maior experiência com pedras mágicas vem dos indivíduos do povo huichol: dentro de uma pedra, também guardam parte da força vital de um xamã falecido. Em seu caso, eles usam um pequeno cristal embrulhado em um tecido sagrado e guardado no templo da família, para quando se precisar de conselho. Pelas minhas vivências com culturas que usam pedras sagradas em suas experiências xamânicas, identifiquei vários tipos, formatos e formas que podem ser empregados pelos xamãs. Para explicar isso melhor, tomarei emprestado o termo para pedras sagradas do xamã huichol: *téka.*

A seguir, apresento uma breve lista de *tékas* usadas na prática xamânica:

> *Téka guardiã:* sua tarefa é o que sugere o nome. Em alguns casos, ela é como um guarda-costas, guardada com um xamã para segurança e proteção de maus espíritos, pessoas ou outros xamãs. As *tékas* dessa especialidade, em diversos casos, têm a habilidade de avisá-lo intuitivamente ou dar conselhos. Outros tipos de *tékas* guardiãs incluem aquelas que tomam conta de certas áreas, como casas e jardins, e muitas vezes são utilizadas para proteger o gado ou os animais de estimação.

Téka luminosa: se você tem um relacionamento com uma delas, é realmente afortunado. Essas pedras são operárias da luz dos espíritos naturais e, por isso, são curadoras naturais. O que elas fazem, basicamente, é coletar a energia luminosa de fontes como Sol, fogo, água, terra, vento, pólen, suco, sangue, liquor, seiva ou saliva, entre outros, e então transferir a energia dessa força vital para outro ser vivo, lugar ou espaço. Se você, ou outra pessoa, também precisa de uma infusão de energia, um xamã com essa *téka* pode ajudar a fornecê-la. Principalmente quando ele estiver fazendo trabalho de cura, muitas vezes a pessoa (ou outro ser) não pode ser levada a um lugar para receber uma infusão energética direta de, por exemplo, uma fonte, fogueira ou cume de montanha sagrados. Nesse caso, a *téka* luminosa pode ser levada ao lugar sagrado, ancorar a energia, e daí ser utilizada pelo xamã-curador para conceder, ou no caso de um indivíduo, receber, a energia luminosa da *téka.*

Téka da sombra: reparei que muitas pessoas envolvidas no crescimento pessoal e no despertar espiritual costumam focar a iluminação, com ênfase no "estar na luz" e em pensamentos positivos, orações e intenções. Embora isso seja maravilhoso, emoções e pensamentos negativos, doenças e escuridão também fazem parte do nosso mundo agora, e não podem simplesmente ser ignorados. As *tékas* das sombras têm a habilidade de ajudar o xamã a lidar com esses aspectos sombrios da vida de uma forma positiva. Os xamãs podem enterrar essa *téka* no chão por uma noite, ou por muitas semanas ou meses. Dessa maneira, ela é purificada pela capacidade enorme da nossa Mãe em absorver e curar a energia sombria. Então, o xamã pode usá-la para acalmar a raiva, tirar doenças, absorver a depressão e ajudar, em geral, a restaurar o equilíbrio entre luz e escuridão, quando as sombras tomaram conta. Existem muitas técnicas de trabalho com essa pedra. Às vezes, um xamã a colocará sobre os centros de energia do paciente, enquanto faz preces de intenção, ou coloca a *téka* em uma bolsinha usada no pescoço por um paciente durante um dia inteiro, ou por mais tempo. Depois de a *téka* atrair a energia da sombra para seu corpo, ela é então purificada pelo xamã, que a enterra no solo durante a noite, ou a coloca perto de uma fogueira bem quente, até ela esquentar, e depois colocá-la na fonte de água mais nova disponível.

Téka dos sonhos: durante períodos de estados alterados de consciência, uma *téka* do sonho pode ajudar a focar percepções, imagens e mensagens muitas vezes aleatórias que um xamã acessa. Usei a ajuda de uma delas, simplesmente a segurando nas minhas mãos, enquanto falava com a fogueira sagrada, colocando a *téka* no chão na minha frente enquanto meditava, mantendo-a comigo durante a cerimônia da tenda do suor, buscando uma visão na terra[24] e, é claro, deixando-a perto de mim na minha mesa de cabeceira ou debaixo do travesseiro enquanto durmo. Descobri que as *tékas* de sonhos gostam de ser alimentadas e cuidadas de formas incomuns. A minha pediu para ficar presa à coleira do meu cachorro quando fazemos trilha; gosta de assistir a programas educativos na TV e ouvir música; pede para se sentar em vários lugares na natureza, especialmente em meu vizinho Oak Creek, por até uma semana inteira; e gosta de ser colocada e segurada na minha boca e nas bocas dos outros (depois de ser lavada, é claro).

Téka mágica: embora todas as *tékas* tenham seu tipo especial de magia, há algumas que são tão extremamente fluidas, adaptáveis, de ação espontânea e imprevisíveis, que inspiram os xamãs em estados alterados de consciência. Como elas têm uma mente própria, o xamã deve ter cuidado ao trabalhar com tais *tékas*, pois costumam criar o inesperado. Uma *téka* mágica não se importa muito com o que os outros pensam ou esperam. Elas também são conhecidas pelo "ensinamento do coiote", que é bem ardiloso. A minha, por exemplo, guiou-me recentemente a um relacionamento pessoal intenso, para que eu conseguisse entender os sentimentos daqueles que compartilham de experiências semelhantes.

Téka feliz: apenas recentemente descobri que posso apenas descrever como *tékas* felizes ou alegres. Elas costumam ser encontradas

24. Veja *Ecoshamanism,* "Pratice 36: The Quest for Vision", p. 215-224.

em grupos. Têm uma sensação parecida com as *tékas* luminosas, mas a diferença é que, ao contrário da verdadeira *téka* luminosa, que gosta e até precisa trabalhar, as *tékas* felizes cumprem sua tarefa simplesmente fazendo você se sentir feliz.[25]

Penas

Quem nunca viu, em filmes ou fotos, os cocares cerimoniais com penas de caciques e guerreiros dos povos "nativos americanos"? Muitas dessas descrições de como certas tribos usavam suas penas eram e são bem precisas, mas outras vezes as representações desses "indígenas" variavam de cômicas e totalmente desrespeitosas e, em certos casos, não davam indicação da sacralidade ou do significado das penas.

As culturas indígenas ao redor do planeta reverenciam os pássaros pelos diversos ensinamentos que eles transmitem e pela energia que ressonam. A calma absoluta da garça, a agilidade do beija-flor, a furtividade da coruja e a visão da águia descrevem uma mera fração das personalidades e das qualidades personificadas física e espiritualmente por essas incríveis entidades.

Essas qualidades são o que os xamãs buscam quando trabalham com as energias de espécies diferentes de pássaros. Às vezes, como no caso do peru selvagem, a ave é caçada em um ritual, e todas as partes da ave são usadas, incluindo a carne como alimento. Em outros momentos, as aves são encontradas naturalmente mortas e, então, as penas são consideradas um presente dos espíritos. Isso costuma acontecer quando um xamã está ou se torna extremamente conectado a uma espécie. Em anos recentes, vinha me conectando à garça-azul e ao falcão-do-tanoeiro. O interessante é que essas duas espécies têm qualidades completamente opostas, pois a garça é supercircunspecta e reclusa, enquanto o falcão-do-tanoeiro é famoso por seu destemor e audácia.

A garça-azul aproximou-se de mim de uma forma bem interessante. Por cerca de um ano e meio, a cada manhã de segunda-feira, eu ia a um dos hotéis para falar com os visitantes sobre Sedona e meu trabalho como guia, além de levar as pessoas para caminhadas, trilhas e em jornadas xamânicas na Floresta Nacional Coconino, onde sou um

25. Para mais informações sobre as *tékas*, veja o capítulo 10 em *Beyond 2012*.

guia licenciado. Como o hotel fica bem ao lado do sagrado Oak Creek, eu quase sempre levava minha cachorra Sophie comigo, para ela poder brincar na água, que é uma das suas coisas favoritas do mundo. Enfim, durante todo esse tempo, e até hoje, semana após semana, nós víamos uma magnífica garça-azul rio abaixo, vistoriando a área estoicamente e sem o menor movimento.

Durante o ano passado, houve alguns períodos turbulentos na minha vida e, emulando a garça-azul, sua energia me ajudou muito a permanecer calmo e sereno. Minha conexão com a garça se aprofundou cada vez mais. Um dia, eu estava fora, com um pessoal, a cerca de 16 quilômetros rio acima da "minha" garça, e estava ajudando uma cliente a atravessar uma série de pontes com troncos de madeira que fiz, para passar pelo trecho de corredeiras do riacho. Enquanto eu fazia isso, seu marido fotografava toda a cena. Em um dado momento, a mulher escorregou e estava prestes a cair na água fria (não muito profunda, mas desconfortável de se cair), a menos que eu conseguisse conservar meu equilíbrio, segurá-la e manter o nosso equilíbrio, o que fiz. Mas, sem que eu percebesse, e testemunhado pelo marido, nesse exato momento, uma garça-azul precipitou-se e voou bem acima da minha cabeça – a menos de um metro de distância! Esse foi um comportamento estranhíssimo para a tímida garça.

No dia seguinte, enquanto eu descia a trilha para chegar ao mesmo lugar com um novo grupo de pessoas, encontrei o corpo de uma garça-azul bem no meio da trilha. Esse era um local bem estranho, porque estávamos na floresta e a pelo menos um quilômetro de distância do riacho – ou seja, não era o hábitat normal da garça-azul, que está sempre na água ou voando sobre ela. Naquele momento, eu sabia que o corpo dessa garça era um presente para mim do espírito da garça-azul, e minha conexão com ela solidificou-se para sempre. Nem preciso dizer que todas as partes desse presente sagrado foram e ainda são usadas hoje com o máximo respeito e gratidão.

Esse é apenas um pequeno exemplo de como os xamãs se conectaram e personificaram as essências e as energias das aves por milênios. Essas qualidades, muitas vezes denominadas "remédio" da ave, são usadas tradicionalmente em itens cerimoniais e ferramentas xamânicas.

Em geral, as garras, o crânio ou o bico de uma ave serão utilizados para esses itens e ferramentas, mas a pena é, de longe, a mais usada, pois até um passarinho pode ter 3 mil penas, enquanto uma ave grande, como um cisne, tem por volta de 25 mil penas.

No entanto, não é a quantidade, mas a qualidade, que interessa a um xamã. Além de usar as penas de uma ave específica para emular seu remédio, a outra forma mais comum do uso das penas pelos xamãs está na elaboração de leques, que são utilizados para o movimento do ar, da energia bioplasmática (veja o capítulo 10) e para a restauração ou renovação do espírito. Os leques xamânicos são, às vezes, compostos da asa inteira de uma ave, presa na base a uma alça de madeira ou osso, e decorada cerimonialmente, mas eles também podem ser feitos de penas separadas, reunidas em padrões específicos, com as penas atadas e amarradas a um bastão de madeira ou outro item sagrado e, então, decorados da mesma forma.

Em qualquer caso, o xamã usa o remédio específico das penas da ave, assim como a ave faria quando estava viva. Um xamã, por exemplo, normalmente purificaria a energia de um doente varrendo seu campo de energia com as penas de um urubu, que é um dos limpadores da natureza. Da mesma forma, o xamã pode utilizar uma pena de beija-flor para infusão de energia, ou penas de águia para elevar o poder pessoal.

Defumação

Os xamãs dizem que a fumaça fica no meio do caminho entre os mundos físico e espiritual, por ser criada pelo fogo sagrado. Podemos vê-la, senti-la pelo tato e pelo paladar, e cheirá-la, mas, quando ela se eleva, dissipa-se no ar e viaja para lugares invisíveis. Por ser assim, ela é usada como um meio espiritual em todo o planeta. Em muitas tradições, é considerada para carregar orações ao céu ou ao mundo espiritual; em outras, é usada para limpar a energia negativa quando abanada intencionalmente no corpo de uma pessoa por um xamã.

Esse segundo uso é o mais comum nas comunidades xamânicas, e nas últimas décadas a palavra *defumação* tem sido usada para descrever esse processo. Meu primeiro encontro com a defumação foi muito poderoso e conduzido por um xamã maia na Península de Yucatán, no

México, perto das ruínas da cidade antiga de Palenque. Passei o dia todo explorando as ruínas com alguns amigos maias e mestiços e, com o passar do dia, comecei a me sentir cada vez pior, a ponto de eu passar aquela noite e a maior parte do dia seguinte na latrina, ou dormindo por fadiga. Naquela noite, sabendo da minha doença, o xamã da comunidade remota veio e me diagnosticou com uma retenção excessiva da energia psíquica do lugar. Por algum motivo, embora Palenque tenha muito do campo do positivo, meu campo bioplasmático se ligou àqueles momentos de turbulência, sofrimento e dor que as pessoas sentiram lá.

O xamã continuou a me "purificar pela defumação", soprando intermitentemente fumaça de tabaco em mim com seu charuto caseiro, o que naquele momento me fez sentir ainda mais doente, e abanando todo o meu corpo com uma grande folha, sob a qual queimava uma urna de copal (resina de árvore seca). A fumaça do copal pareceu funcionar, porque, quanto mais copal era abanado em mim, mais eu começava a me sentir melhor. Uma hora depois desse tratamento, senti-me perfeitamente normal de novo.

Até hoje, prefiro a fumaça da resina copal para usar nas minhas cerimônias de cura, mas, na maior parte, os xamãs usam ervas e folhas de árvores. Na América do Norte, o meio de defumação mais comum é composto de folhas secas de duas variedades de sálvia – a sálvia branca (*Salvia apiana*) e a comum (*Salvia officinalis*). Outro meio comum, mas bem mais difícil de se encontrar, é chamado erva-doce americana (*Hierochloe odorata*), que, depois de coletada, costuma ser trançada da mesma forma que um cabelo. Ela pode ser acesa apenas em uma ponta para obter a fumaça ou, de maneira mais econômica, raspada em um recipiente de carvões quentes. Em geral, o copal, a sálvia e a erva-doce americana são considerados os mais potentes para purificar pessoas, lugares e itens, mas há centenas de outros meios com usos específicos, alguns dos quais incluem:

Artemísia: para induzir sonhos e visões, especialmente depois de já estar em um estado de espírito calmo e pacífico.

Cedro, cipreste e zimbro: para bênção e invocação de energia ou espíritos positivos.

Erva-doce: repele energia e espíritos negativos.

Erva-santa: para coragem, especialmente frente ao desconhecido.

Folha de louro: para proteção contra inimigos e doenças, como gripes e resfriados.

Pinheiro-silvestre, abeto, cicuta e espruce: costumam ser queimados com outras ervas, em geral quando o zimbro não estiver disponível.

Raiz de íris: ajuda na concentração e em focar as tarefas.

Uva-ursina (Arando-ursino): para purificação interna e eliminação de toxinas.

Verbasco: para centramento e calma.

Essa é apenas uma amostra de meios de defumação. Também vi alecrim, lavanda, artemísia, aspérula, entre outras ervas empregadas em cerimônias celtas e euroasiáticas.

Tenda do Suor

O suor intencional em uma tenda ou câmara criadas e aquecidas especialmente para isso é praticado em todo o planeta, e suas origens remontam a muitos milhares de anos. Formas diferentes existem, incluindo a sauna finlandesa, a *bania* russa, o *hamman* turco, a tenda do suor dos indígenas americanos e o *temascal* maia/asteca. Nas culturas xamânicas, a tenda do suor não serve apenas para limpeza do corpo, com a remoção de toxinas por meio do suor, é também uma prática sagrada de purificação interna (espírito) e psíquica.

Eu experimentei centenas de tendas de suor e *temascais*, a primeira sendo descrita como uma estrutura redonda formada com galhos de salgueiro dobrados e depois coberta para fazer uma câmara hermética; e a segunda, feita em geral de tijolos de barro em um formato redondo ou retangular, com um telhado de sapé. Em ambos os casos, uma fogueira é feita fora da estrutura, rochas vulcânicas são colocadas no fogo e aquecidas e, então, as rochas quentes são cerimonialmente levadas para dentro da câmara escura para aquecer o espaço o suficiente para as pessoas dentro dele suarem profusamente.

Xamãs e parteiras usam o *temascal* de várias formas. Eu vi os xamãs do povo Nahua o usarem efetivamente em cerimônias de cura para aliviar sintomas de febre, gripe, artrite, entre outras doenças. Normalmente, o xamã fará uma preparação de ervas e raízes em um recipiente de água colocado sobre as rochas quentes dentro do *temascal* ou a água é despejada nas rochas; nos dois casos, o vapor criado com a mistura promove a cura do paciente, que passa de 15 a 20 minutos no *temascal,* sai e toma um banho ou se limpa com água limpa e, então, entra de novo. Esse processo continua até o xamã achar que baste.

Uma vez, quando torci meu joelho em uma visita a uma vila maia, o xamã fez uma cerimônia *temascal* para mim (e muitos outros vieram também). A fogueira foi acesa de manhã, e a câmara ficou aquecida o dia todo. Naquela tarde, o xamã me levou para dentro (nu), colocou-me sentado em um canto e, por mais ou menos 20 minutos, meu corpo foi superaquecido a um ponto quase insuportável. Então, ele me pôs deitado em um tapete de palha elevado e, usando um pincel feito de casca de milho seca, aplicou uma mistura líquida de ervas e raízes cozidas por todo o meu corpo, mas prestou mais atenção ao meu joelho lesionado. O tempo todo o xamã cantava suas canções de cura sobre mim. Então, mandaram-me sair e recebi uma bacia de água fria para me lavar. Isso foi repetido seis vezes, mas, depois da primeira sessão, o xamã só colocou a mistura de ervas/raízes no meu joelho. Depois disso, a dor quase sumiu completamente, e me tornei um grande defensor das qualidades de cura do *temascal* desde então.

Eu também vi parteiras-xamãs usarem o *temascal*. Normalmente, a parteira terá uma cerimônia de purificação *temascal* para uma mãe recente uma semana depois do nascimento do bebê. Seguindo a tradição, a mãe é carregada em uma liteira por dois homens (um pode ser o pai ou o marido, ou o marido pode pagar dois homens para fazer isso) para a *temascal* quente, onde a parteira lava e limpa a mãe com sabonete e ervas (exceto pela região genital, que a própria mãe lava); em seguida, a enxagua com água quente. Esse processo de banho pode ser realizado de novo, ou até por várias vezes, por dias ou semanas, enquanto a mãe se cura e se recupera do parto, especialmente se este foi difícil.

A tenda do suor das tribos norte-americanas é um ritual fortalecedor de purificação e renovação. Os elementos específicos variam um pouco de uma tribo a outra, mas, depois de ter suado com tribos por todos os Estados Unidos, é incrível como tudo é parecido. Uma breve descrição de uma tenda Navajo, que tive o privilégio de frequentar no meio do inverno com um velho xamã Navajo, seus netos e bisnetos, serve como um belo exemplo.

O xamã não falava bem inglês e, como a tenda de suor seria realizada no idioma Navajo, os netos se tornaram meus intérpretes. Os rapazes me disseram que seu avô me recebeu em sua tenda e aceitou os presentes que levei para eles (gêneros alimentícios e tabaco). Minha única responsabilidade era ter uma conduta respeitosa e estar aberto a receber a bênção da tenda.

Enquanto nos aproximávamos da tenda, fiquei surpreso por ela ser muito diferente do que eu estava acostumado. Basicamente, era um monte de terra com uma abertura esculpida a aproximadamente 60 centímetros do chão, com um telhado com uma estrutura de madeira coberta com cobertores e, depois, uma camada grossa de terra. Parecia como uma grande colmeia de terra.

Rochas vulcânicas de 15 a 25 centímetros de diâmetro foram aquecidas na fogueira externa, enquanto nós ficávamos na neve em um círculo ao redor do fogo, para nos mantermos aquecidos. Quando o xamã declarou que as rochas já

Agora chegamos à palavra tenda do suor. É apenas um apelido. Naturalmente, quando entramos rastejando e as rochas quentes entram, nós suamos. Transpiramos. Então eles a chamam de tenda do suor, ou sauna – você poderia chamá-la assim também. Mas o espírito nos revelou que esse termo não é nosso. Ele disse: "Eu lhes digo a verdade: tunkan tipi". Este é o nome verdadeiro – tunkan tipi. Tun significa "nascimento"; kan significa "era". A palavra tipi no idioma Lakota significa "corta-vento" ou "abrigo". Mesmo para aquele de quatro pernas que fez um buraco no chão, essa é sua tipi. E tezi significa "estômago" ou "útero". Então, essa tenda é tezi. É onde vivem as pessoas de pedra. Elas contêm todos os elementos que formam a estrutura humana. Então, nós devolvemos esse fogo para essas pessoas de pedra. Então, há uma fogueira. Também existe uma fogueira dentro de você. Há uma centelha lá. Nós a chamamos de alma ou espírito.

Quando rastejamos para dentro dessa tenda, usamos nossas mãos e joelhos. Então nos tornamos quadrúpedes de novo. Nós nos abaixamos e rastejamos. Você precisa ser humilde para rastejar de quatro. Em seguida, nós rastejamos com humildade. Então, visitamos as pessoas de pedra. Quando fechamos essa porta da tenda, voltamos para o útero da nossa Mãe para sermos purificados, sabe? Então, vamos lá e fazemos oferendas. Depois, contamos nossos pequenos problemas, e ela os sopra para longe. Por isso, contaminamos aquele ar. Então, quando abrimos a porta, toda aquela contaminação vai embora. É expelida, e o ar puro renovado entra. O oxigênio fresco entra novamente. Então, usamos oxigênio e hidrogênio juntos, sabe? Quando a porta é fechada, a temperatura se eleva e aquilo expele todo aquele veneno do nosso corpo. Nós abrimos e fechamos essa porta quatro vezes durante a cerimônia.

(BLACK ELK [ALCE NEGRO], p. 70-71)

estavam aquecidas o suficiente, ele se despiu e entrou na tenda. O neto mais velho era o guardião do fogo, e ele levou, uma por uma, todas as pedras quentes para a tenda com um forcado, e as colocou no canto norte da tenda. Disseram-me depois que isso era para impedir que o vento norte, portador de doenças, entrasse na tenda. Alguns minutos depois, o xamã nos chamou para entrar. Tiramos a roupa e entramos na colmeia escura.

Alguém do lado de fora abaixou a aba para cobrir a porta, e a escuridão ficou completa. Todos nós nos sentamos ombro a ombro em torno do perímetro interno da tenda, com o guardião do fogo perto da porta e o xamã ao seu lado. Quando todos nós começamos a suar, o xamã iniciou seu primeiro cântico, invocando os espíritos dos grandes poderes do Fogo, da Terra, do Ar e da Água para nos abençoar e revigorar. Então, despejou-se água misturada com pinho e cedro nas rochas quentes, criando um vapor poderoso que inundou a tenda. No total, o xamã cantou quatro cânticos, com o vapor acompanhando cada um. Depois do último cântico, e bem na hora em que estava me sentindo derrotado pelo calor e pelo vapor, a aba que cobria a porta foi aberta, e todos nós saímos da tenda.

Do lado de fora, todos começaram a esfregar neve em si, e dois dos netos se deitaram no chão e esfregaram devagar os dois lados de seus corpos na neve. Segui o exemplo, e a experiência de me sentir purificado era revigorante!

Nós entramos na tenda e saímos dela quatro vezes no total e, enquanto estávamos lá dentro, o xamã cantou quatro músicas diferentes (16 ao todo) e, a cada vez, enquanto estávamos do lado de fora, nós esfregávamos a neve no nosso corpo nu (ou seminu – alguns usavam uma tanga). Na última vez, o xamã cantou e agradeceu aos espíritos pela ajuda e pela orientação. Também agradeci pela experiência inesquecível e pela companhia dessas pessoas extraordinárias.

Roda Medicinal

A roda medicinal ou roda de cura representa o círculo sagrado da vida, suas quatro direções básicas, e os elementos. Totens de animais de uma tribo particular de xamãs servem como guardiões de cada uma das direções. Rodas medicinais, ou arcos sagrados, foram construídos arrumando-se as pedras em um padrão específico no chão. As rodas medicinais costumam seguir o padrão básico de ter um centro de pedra(s) cercado por um anel externo de pedras, com linhas de rochas que lembram os raios da roda irradiando do centro. Originalmente, e ainda hoje, elas eram construídas tanto por pessoas tribais como modernas para vários propósitos astronômicos, ritualísticos, de cura e ensino.

O termo *medicinal* é usado na descrição dessas construções circulares, por causa da cura e da intensificação da consciência perceptiva adquiridas pelo trabalho com o simbolismo e a sacralidade da "roda", o que a transforma em um local sagrado com uma grande importância espiritual para a interconexão de toda a vida. A roda medicinal é simbólica do ciclo infinito da vida. Não tem início nem fim.

A construção intencional de enormes estruturas de pedra é uma atividade bem documentada dos povos monolíticos e megalíticos[26]

26. Um megálito é uma estrutura feita de muitas pedras grandes, até intercaladas; o oposto é um monólito, que é uma pedra gigantesca.

antigos, desde as gigantescas pirâmides egípcias e da América Central a Stonehenge, bem como os povos indígenas da América do Norte.

As rodas medicinais são diferentes, no sentido de que não são nada intrusivas e deixam uma pegada sensível no meio ambiente. Ao contrário das pirâmides infladas pelo ego, os povos indígenas da América do Norte e do Sul do Canadá fizeram círculos de pedras no solo de um modo bem sensível, reconhecendo a interconexão do ser humano e seu ambiente. As rodas medicinais ainda existem hoje em muitas culturas tribais nos Estados Unidos e no Canadá, embora, por toda a história recente, a ignorância e a intolerância de autoridades europeias e americanas (como o National Forest Service [Serviço Florestal Nacional]) levou à destruição de centenas, ou, talvez, milhares dos antigos locais.

Por sorte, há aqueles que veem a importância da roda medicinal não como algo religioso, o que se associa à competição e à violência no mundo ocidental, mas sim como algo espiritual, por seu único propósito ser nos conectar com os ciclos da criação. Nesse sentido, as antigas rodas medicinais devem ser respeitadas, preservadas e usadas no ensino. O melhor exemplo disso deve ser a Big Horn Medicine Wheel, em Wyoming, que foi nomeada Monumento Nacional em 1970.

Essa roda medicinal específica consiste em uma margem circular, com 22 metros de diâmetro, com 28 raios estendendo-se da margem ao centro e uma série de sete montes de pedras. Os montes estão alinhados ao nascer e ao pôr do sol no solstício de verão, bem como aos pontos nascentes das estrelas, como Sirius, Aldebaran, Rigel e Fomalhaut. A roda medicinal Bighorn é um testamento da consciência dos povos pré-colombianos de seu mundo e seu lugar nele.

Delineando os pontos cardeais, com montes em volta da roda, muitas tribos do sudoeste homenageavam os importantes estágios da vida e atribuíam elementos, cores ou animais a cada ponto cardeal, para ajudar a compreender o panorama geral, ou mistério, que nos cerca. Diversas tribos do sudoeste, por exemplo, associam as seguintes qualidades com os pontos cardeais da roda:

O norte representa o ar, a cor branca e/ou conhecer um estranho e aprender a confiar, como na infância.

O leste é considerado a representação do fogo, da cor amarela e o estágio da adolescência.

O sul é a terra e o solo, a cor vermelha e o estágio do início da vida adulta.

O oeste contém a água, as cores azul ou preta, e pode representar também o estágio final da vida na roda, ser um idoso e passar conhecimento para a próxima geração, para que a roda possa começar de novo, assim como a forma circular da roda medicinal.

Capítulo 9

O Conhecido, o Desconhecido e o Incognoscível

O xamanismo é um fenômeno tão complexo que, quando visto com o olhar moderno, é às vezes mal compreendido. Muitas das coisas que os xamãs fazem costumam ser relegadas ao sobrenatural, simplesmente, porque as práticas xamânicas não se encaixam facilmente na forma com a qual a mente ocidental é condicionada a ver o mundo. Isso foi levado ao extremo muitas vezes ao longo da história – durante as caças às bruxas na Europa, no massacre dos sacerdotes-xamãs astecas pelos missionários espanhóis e na proibição das cerimônias dos nativos americanos pelo governo dos Estados Unidos, para citar apenas alguns exemplos.

Em se tratando de xamanismo, é importante perceber o quanto nós não sabemos. Em geral, pode-se dizer que, quanto mais percebermos o quanto não sabemos, mais instruídos nos tornamos de fato. Em termos de conhecimento, podemos dizer que há pelo menos quatro categorias:

Desconhecidos desconhecidos: uma criancinha, por exemplo, não sabe que ela não sabe como ler. Para ela, a escrita é um "desconhecido desconhecido".

Desconhecidos conhecidos: uma criança mais velha que viu/ouviu pessoas lerem sabe que ela não sabe ler. Para ela, a leitura é um "desconhecido conhecido".

Conhecidos desconhecidos: uma criança mais velha começa a aprender o alfabeto e como escrever as letras, mas ainda não sabe de fato como ler. Para essa criança, a leitura agora é um "conhecido desconhecido". (Note que o foco do primeiro "desconhecido" muda aqui da falta de conhecimento do geral para a falta de conhecimento do específico.)

Conhecidos conhecidos: depois de aprender a ler, a leitura se torna um "conhecido conhecido" – sabe-se que existe e entende-se.

O Conhecido: Filosofia e Religião

O que é conhecimento? Como ele é adquirido? O que realmente conhecemos? Essas são as perguntas que o ramo da filosofia chamado epistemologia pretende responder e que as maiores religiões do mundo tentam esclarecer aos seus seguidores. O ato crucial de saber algo forma a base da nossa realidade. Mas você poderia facilmente saber algo que não sei, ou vice-versa. O algo que você sabe que não sei é conhecido para você, mas desconhecido para mim. Seu conhecimento da realidade difere do meu. Isso pode acontecer fundamentalmente de três formas: conhecimento de que algo é; conhecimento de como algo é; e nenhum conhecimento sobre nada. Por exemplo, você poderia saber que andar de bicicleta é possível, poderia até conhecer a física por trás de manter a bicicleta reta e em movimento, mas, a menos que você realmente tenha andado de bicicleta, não saberia como andar. Por outro lado, poderia ser alguém que nem sabe que as bicicletas existem.

> *Existem conhecidos conhecidos. Coisas que sabemos que sabemos. Existem conhecidos desconhecidos. Isto é, existem coisas que agora nós sabemos que não conhecemos. Mas também existem desconhecidos desconhecidos. Existem coisas que não sabemos que não conhecemos.*
>
> (DONALD RUMSFELD)

Só porque uma pessoa não conhece algo não significa que isso seja desconhecido. Essa é a consideração importante em se tratando de xamanismo. Só porque não sabemos que para um xamã uma ou outra coisa existe ou como ele faz algo não significa que isso não seja real no mundo do xamã. Além disso, existem algumas coisas que nós poderíamos chamar de "incognoscíveis". Você consideraria cognoscível saber a sensação de ser um gato? Se acharmos que é impossível saber qual é a sensação de ser um gato, consideraremos esse conhecimento incognoscível.

O que "conhecemos" de fato forma nosso mundo cotidiano habitual, e está em constantes mudança e expansão, embora nós não saibamos ao certo o que virá em seguida. Em um contexto religioso, o conhecimento tem muitos sentidos. Em algumas expressões da Cristandade, por exemplo, o conhecimento é até mesmo um dos sete dons do Espírito Santo. Uma versão comum de uma passagem bíblica de I Coríntios diz:

> Porque a um é concedida pelo Espírito a palavra da sabedoria; a outro a palavra do conhecimento pelo mesmo Espírito; a outro fé pelo mesmo Espírito; a outro os dons da cura pelo mesmo Espírito; a outro, a operação de milagres; a outro, a profecia; a outro, o discernimento de espíritos; a outro, diversos tipos de línguas; a outro, a interpretação das línguas. Mas um mesmo Espírito opera todas essas coisas, repartindo a cada homem particularmente como Ele quiser.

As escrituras hindus apresentam dois tipos de conhecimento: *Paroksha Gnyana* e *Aporoksha Gnyana. Paroksha Gnyana* (também encontrado como *Paroksha-Jnana*) é o conhecimento de segunda mão: aquele obtido por meio de livros, rumores, etc. *Aporoksha Gnyana* (também encontrado como *Aparoksha-Jnana*) é o conhecimento nascido da experiência direta, isto é, aquele descoberto sozinho. No Islã, costuma-se entender que todo o conhecimento divino nos livros dos profetas está contido no Alcorão.

Nas minhas experiências vivendo com culturas xamânicas, os xamãs costumam ter uma capacidade surpreendentemente alta e uma abertura para querer aprender sobre qualquer coisa que não conhecem. Eles também compreendem o fato de que muito ainda é desconhecido para eles e há algumas coisas que simplesmente não podem ser conhecidas. Embora isso poderia deixá-los com uma aparência de ingênuos, vi que esse ponto de vista e modo de ver o mundo elevam sua percepção a um nível muito maduro, que muitas vezes falta ao nosso mundo moderno.

O Desconhecido: Mistério

O que nos traz a um fato inescapável de ser um ser humano: junto ao conhecimento e ao que é "conhecido", sempre há o desconhecido, o obscuro, a escuridão e o infinito (psicológica, espacial e temporariamente). A nossa tentativa de encarar o desconhecido é exatamente o que torna o conhecimento possível. Não importa o quanto saibamos, nós sempre estaremos à beira do desconhecido.

Todos nós sabemos que não sabemos de tudo. No entanto, a condição da nossa consciência cotidiana típica é principalmente que nós *conhecemos* o mundo, e nossos hábitos familiares, interesses e responsabilidades sustentam o nosso mundo conhecido, de modo que muitas vezes nós nos esquecemos como realmente somos completamente tragados pelo desconhecido. O fato é que cada passo que damos na nossa vida é um passo na direção de uma nova experiência, um passo na direção do desconhecido.

Nas minhas relações com xamãs de diversas culturas, seu conhecimento, bem como sua percepção de viver cada segundo à beira do desconhecido, é algo que achei que faltava consideravelmente na sociedade moderna. É fácil ver por que isso acontece. Em um esforço para nos sentirmos estáveis e seguros da realidade existencial do desconhecido, costumamos fechar nossos olhos à escuridão do abismo ignorado e criamos para nós mesmos nossos próprios mundinhos. A defesa desses mundinhos é a raiz de muitas das crises e guerras enfrentadas pela humanidade agora. Se as pessoas pudessem pegar a visão do xamã e se abrirem à validade dos mundinhos do outro na face do desconhecido, imagine o quanto mais se veria de tolerância e, portanto, de paz entre as pessoas.

Uma percepção clara e apaixonada da totalidade do que está além dos limites do que conhecemos produz uma realidade madura e imparcial da vida. Cada coisa nova que fazemos ou aprendemos, cada passo útil em direção ao desconhecido, pode nos levar a ver a realidade em sua perspectiva adequada. Quando abandonamos nosso empiricismo – a crença de que todo o conhecimento pode ser reduzido aos dados empíricos –, podemos ver a realidade como o que ela realmente é: infinita, fluida, misteriosa, numinosa.

Todos os vários xamãs que tive como mentores concordariam com duas coisas: o infinito está sempre presente e o finito é apenas uma ilusão. Tudo que parece explicitamente conhecido ou distintamente "fixo" parece finito apenas porque aparentemente tem um limite que o separa de todo o resto. O pensamento ocidental pode incluir a ideia de que tudo que possuímos um dia se decomporá e, portanto, será infinito; a maioria das pessoas ocidentais, em sua consciência diária, poderia considerar seu carro ou teclado do computador um "objeto" finito, em oposição a um veado que é vivo e, portanto, não finito. Essa é a ilusão – nada é finito, exceto para certas equações matemáticas que não têm relevância real na nossa discussão aqui. Costumamos perceber nossa pele como o limite do nosso organismo humano, por exemplo: o que está dentro da minha pele sou eu, o que está fora dela não é. Mas o limite dérmico, bem como todo outro limite que estamos habituados a "ver", é uma ilusão; tudo é parte de outra coisa. Nossa pele não é um limite definido; na verdade, é um órgão (o maior que temos) que nos conecta da forma mais tangível a tudo ao nosso redor (o infinito). Em termos de consciência, poderíamos dizer que nós *potencialmente* abraçamos o infinito, porque o infinito está presente para nossa consciência na forma do desconhecido.

Isto é o que os xamãs e todas as outras pessoas conscientes e maduras acabam percebendo: que tudo o que ele ou ela conhece é, na realidade, uma fração infinitesimal, quase insignificante, do desconhecido. Quanto maior for o "conhecimento" de alguém, com mais segurança ele ou ela sabe disso! O conhecimento da nossa ignorância em face do infinito desconhecido é, na verdade, a base do conhecimento. S. L. Frank, em sua brilhante obra *The Unknowable*, fala com eloquência de Isaac Newton a esse respeito:

> Newton, o grande explorador da natureza, que descobriu as leis da mecânica celestial e praticamente resolveu o enigma do universo, falou de forma bem simples e bela sobre essa conexão: "Não sei o que as futuras gerações acharão de mim. Mas me vejo como uma criança que encontrou algumas conchas lançadas na praia pelo oceano, enquanto

> o oceano em si, em toda a sua imensidão imensurável e insondável, é, como antes, um grande mistério não resolvido".[27]

A consciência da infinitude pode ser vista com clareza no mundo xamânico pelo que pode ser descrito como infinitude *espacial*, que o xamã vê nitidamente, mas é algo que muitos de nós esqueceram, pelo menos em uma percepção da realidade momento a momento. O céu noturno, que para muitos de nós foi esquecido nas luzes da rua, é um exemplo perfeito, quando colocamos em nossa consciência como nosso planeta e a humanidade são infinitamente pequenos, em se tratando de realidade espacial. Nosso franzino planetinha (que amo demais) é minúsculo no nosso vasto sistema solar, mas nosso gigantesco sistema solar é apenas uma mera partícula da nossa galáxia, e nossa galáxia é apenas uma dentre as estimadas centenas de *bilhões* de galáxias.[28]

A infinitude espacial é igualmente extraordinária quando consideramos o mundo microcósmico de átomos, elétrons, íons e, especialmente, DNA humano. É incrível pensar sobre como os acontecimentos das nossas vidas são o resultado de tantos pequenos fenômenos, que nós precisamos dos microscópios mais poderosos para ver até mesmo uma fração do que acontece no desconhecido microcósmico.

Outro aspecto impressionante do desconhecido é a infinitude *temporal*. Na maioria dos casos, não temos ideia do que acontecerá de fato no futuro. O momento seguinte, o próximo ano, o futuro da humanidade – é tudo um mistério. Quando morreremos? Não se sabe. Quem será o próximo presidente? Não se sabe. Quando será o próximo evento cataclísmico da natureza? Não se sabe. O que realmente "sabemos"? A única coisa da qual podemos estar razoavelmente certos é que essas coisas provavelmente acontecerão, e elas ocorrem em meio ao desconhecido.

O passado temporal é obviamente muito diferente. Temos certo conhecimento do passado, embora o passado não esteja aparentemente acessível a nossa experiência imediata. Nosso passado pessoal está contido na memória das nossas experiências, mas o desconhecido está

27. Frank, p. 13.
28. Disponível em: <http://imagine.gsfc.nasa.gov/docs/ask_astro/answers/021127a.html>. Acesso em: 1º abr. 2009.

arraigado com firmeza na história da humanidade, na terra e na nossa galáxia. O desconhecido permeia as questões de quem somos, de onde viemos e para onde vamos nessa infinitude espacial. O que é conhecido é engolido no fim pelo desconhecido. O que conhecemos é ao mesmo tempo conhecido e desconhecido e, quando nós resumimos tudo, o conhecido poderia ser potencialmente considerado parte do incognoscível.

O Incognoscível: o Paradoxo Xamânico

Como adultos modernos no mundo ocidental, costumamos desenvolver padrões que moldam nossas vidas. A vida cotidiana tem seu conjunto comum de circunstâncias, nós cuidamos das nossas responsabilidades, e temos posições na família e na sociedade – hábitos e tendências individuais que são entremeados na nossa identidade cultural. E, ainda assim, nós vislumbramos algo mais, mesmo que raramente. Esse *algo* é a sensação do mistério incognoscível no qual estamos imersos de modo constante. E sentimos também que, no âmago do nosso ser, fazemos igualmente parte desse mistério incognoscível, e sentimos um tipo de tremor na nossa alma.

Em momentos de eventos cataclísmicos na natureza, como furacões, terremotos e erupções de vulcões, bem como catástrofes provocadas pelo ser humano, como uma guerra, nós ficamos pequenos em face do mistério, e ficamos abalados até o âmago da nossa alma. Até experiências da vida cotidiana podem causar isso; nascimento e morte nos abalam, a beleza da natureza nos abala, arte e música nos abalam. Em certos momentos, o mundo cotidiano se transforma na frente dos nossos olhos naquilo que ele realmente é: um grande mistério.

No mundo xamânico, o conhecimento dos mistérios incognoscíveis é um paradoxo entremeado em uma visão de mundo aceita da tribo. Mas, na sociedade ocidental, a tendência é se ater ao domínio do mundo racional, explicável, familiar e estável e, desse modo, o lado controlador da nossa mente, o nosso ego, tende a filtrar os mistérios numinosos que encontra. Experiências de felicidade, êxtase, arrebatamento e alegria íntima muitas vezes são fechadas ou ocultas, enquanto continuamos com nossas vidas diárias, pois elas não se encaixam na nossa norma cultural. Mas, se formos absolutamente honestos conosco, perceberemos que, em cada momento, nós não só temos acesso ao divino e ao numinoso, como também ao místico, ao sagrado e ao misterioso, que são essencialmente *quem somos*. Então, não só as qualidades "externas" do mundo são misteriosas e por vezes insondáveis, mas igualmente dentro de nós vive o mesmo mistério incognoscível que, às vezes, nos abala.

Quando nos envolvemos em sexo sagrado e na dinâmica do amor romântico, com todos os seus prazeres e dores, e durante experiências espirituais e religiosas máximas de conexão com o divino, somos de certa forma aliviados temporariamente dos fardos do nosso ego controlador, e ficamos frente à frente com o mistério assombroso de sermos um ser humano. Nós nos abrimos ao incompreensível, a outros mundos e realidades de ser, e ao misterioso incognoscível. Para os xamãs, em vez de fechar essas experiências, eles carregam esses outros mundos e realidades por toda a sua vida cotidiana normal, assim, sua percepção e consciência mudam radicalmente.

O xamã permanece firme em meio ao incognoscível. Consciente do incognoscível, o xamã o usa para adquirir conhecimento sobre o nosso mundo racional habitual e o papel dos seres humanos. A visão de mundo do xamã, portanto, renasce em cada minuto, transmogrificada, metamorfoseada. Tudo tem um conteúdo e um sentido totalmente novos; não há limites para a consciência e a percepção. Tudo é possível...

Façanhas Xamânicas nos Domínios do Mistério

O xamanismo é um fenômeno tão complexo, que não só é apropriado, mas também necessário explorarmos as filosofias, as verdades e os mitos subjacentes sobre como vemos o conhecimento humano, e como isso pertence às façanhas desconhecidas e aparentemente incognoscíveis dos xamãs. Desde o início do tempo e do espaço, os xamãs receberam habilidades desconhecidas e incognoscíveis. Todas as culturas xamânicas por todo o planeta têm histórias misteriosas, bizarras e, às vezes, até engraçadas sobre os poderes dos seus xamãs.

Façanhas e habilidades físicas, o controle sobre o clima, a cura de doentes ou feridos e a conexão com os mundos espirituais são apenas algumas das muitas habilidades historicamente atribuídas aos xamãs. Os xamãs do povo Penobscot, por exemplo, são conhecidos por deixarem pegadas na rocha sólida, andarem sobre objetos sólidos, como muros e portas, e até permanecer debaixo da água por períodos que seriam normalmente impossíveis para o corpo humano suportar.[29]

Telepatia mental, levitação, adivinhação e vários poderes de clarividência e clariaudiência foram documentados como habilidades xamânicas. Conversar com animais, fazer peixes pularem da água para a terra para alimentar a tribo, andar sob a água ou afastar uma rocha maciça, neve ou gelo do caminho durante seus passeios também são façanhas comuns. Existem até mesmo registros, em textos antropológicos e etnográficos, a respeito das habilidades dos xamãs no cultivo de plantas comestíveis no meio do inverno e da capacidade de deter balas atiradas contra eles. A seguir, estão alguns relatos de verdadeiros xamãs, pesquisadores, testemunhas e minhas próprias experiências.

Controle sobre o Clima

> Quando era menino, tive uma festa na qual nós jogamos diversos jogos. Estava garoando e fiquei furioso. Nós queríamos brincar e o tempo não deixava. Minha avó disse: "Por que você não desenha uma tartaruga?" Antes de terminarmos o desenho, a chuva parou. Eu poderia secar toda a região ou fazer uma tartaruga especial de ponta-cabeça e inundar tudo. Você precisa conhecer a oração certa com isso, as palavras certas. Não vou dizer quais elas são. É perigoso demais. Não se brinca com isso. Vejo o olhar do homem branco no seu rosto. Você não acredita nisso.
>
> – John (Fire) Lame Deer [Veado Manco][30]

Para corroborar sua história, Lame Deer chamou um xamã Sioux colega seu, que relatou o que aconteceu em uma cerimônia de Dança do Sol, com centenas de testemunhas:

29. Frank Speck, "Xamanismo Penobscot", *Memoirs of the American Anthropological Association 6* (Maenashe, WI: 1919).
30. John Lame Deer e Richard Erdoes, *Lame Deer: Seeker of Visions* (New York: Washington Square Press, 1972), p. 126.

> Muitas pessoas queriam sair, voltar para casa antes de a tempestade começar. E ela estava perto, aproximando-se rápido. Então, durante a dança, eles me entregaram meu cachimbo, aquele que sempre uso. Eu o chamo de meu cachimbo principal. Então peguei e pedi para o Grande Espírito partir aquele trovão, parti-lo em dois, para que conseguíssemos terminar nossa cerimônia. Diante de todas as pessoas, a grande tempestade se partiu diante de nossos olhos.
>
> – Pete Catches[31]

France Newcomb vivia há 25 anos no entreposto comercial de seu marido, em uma reserva Navajo. Aqui, ela relata uma história do respeitado xamã Navajo e bom amigo Hosteen Klah. Enquanto sua família acompanhava Klah na volta à reserva, eles encontraram um ciclone em um caminho que os levaria direto para a frente do fenômeno em apenas 800 metros. Então, de repente, o ciclone girou direto na direção deles. Mandaram as crianças correrem e entrarem no carro,

> [...] mas (Klah) começou a caminhar devagar na direção da massa rodopiante, que se aproximava com o som de mil enxames de abelhas. Inclinando-se de vez em quando para pegar um punhado de terra ou parte de uma planta do deserto, ele colocou o acúmulo em sua boca mesmo enquanto entoava um cântico. Nós não poderíamos virar as costas e sair, deixando-o enfrentar o tornado sozinho e, de qualquer forma, já era tarde demais para fugir, então nós simplesmente nos sentamos lá – quatro dos seres humanos mais apavorados que alguém já viu.
>
> Klah continuou a caminhar devagar na direção do redemoinho. Então, de repente, ele levantou as duas mãos e cuspiu a mistura da sua boca diretamente na coluna iminente e elevou sua voz em um cântico alto; a coluna permaneceu parada por um momento e, então, se dividiu no centro da ampulheta...

31. *Ibid.*, p. 126-127.

> Klah então se virou e voltou para o carro. Todos acreditaram que testemunharam um milagre lá. Quando foi questionado depois sobre as plantas e o solo que ele pegou e em seguida cuspiu, Klah apenas disse: "O Espírito da Terra é mais poderoso do que o Espírito do Ar".
>
> Tudo ao redor da área era destruição – postes de telefones e cercas caídos. Nós rezamos naquela noite por um amigo maravilhoso que arriscou sua vida para salvar a nossa.[32]

Em outra história relacionada ao clima, Rising Wolf [Lobo Nascente] fala sobre o xamã Old Sun [Sol Antigo]:

> Não há dúvidas de que esse homem falava com os deuses e vários de seus poderes misteriosos foram conferidos a ele... Às vezes, ele convidava alguns de nós para sua tenda... Então, ele começava a orar, primeiro para o Sol, o criador; depois para Ai-so-pwom-stan, o criador do vento; depois para Sis-tse-kom, o trovão; e para Puh-pom', o relâmpago... Depois começaram os estrondos de trovões, silenciosos, como se estivessem a uma grande distância, e havia clarões fracos dos relâmpagos. A tempestade se avizinhou cada vez mais, até ficar diretamente sobre nós. Os trovões eram ensurdecedores, e os relâmpagos brilhantes nos cegavam. Então, esse homem incrível recomeçou a rezar... O vento gradativamente cedeu. Os estrondos dos trovões e os clarões dos relâmpagos enfraqueceram cada vez mais e aos poucos desapareceram na distância...[33]

Espíritos da Tenda do Suor

Wallace Black Elk [Wallace Alce Negro] conta a história da vez em que alguns cientistas pediram para usar equipamento de radar na

---

32. France Johnson Newcomb, *Hosteen Klah: Navaho Medicine Man and Sand Painter* (Norman: University of Oklahoma Press, 1964), p. 199-200.
33 James W. Schultz, *My Life as an Indian: the Story of a Red Woman and a White Man in the Lodges of the Blackfeet (*Williamstown, MA: Corner House, 1973).

tenda do suor durante uma de suas cerimônias, para que pudessem comprovar ou refutar a entrada dos espíritos que Black Elk invocaria durante a cerimônia. O líder da equipe dos cientistas se juntou à cerimônia dentro da tenda e sentiu uma "onda de consciência telepática", depois agradeceu a Black Elk pela experiência. Após a cerimônia, ele relatou sua vivência aos outros cientistas, mas estes não acreditaram nele, afirmando que não gravaram nada no radar além de um "monte de luzes tremeluzentes" e que isso não comprovava nada. A respeito da experiência, Black Elk diz:

> Pelo menos foi uma descoberta. Eu poderia dizer que nós abrimos a cabeça (do cientista chefe). Pelo menos um cientista lá dentro viu e ouviu o espírito. Aquelas outras pessoas, elas não sabem ao certo o que viram. Viram apenas luzes tremeluzentes... Fiquei grato por Tunkashila me abençoar com isso (a experiência). Agradeço por existirem pessoas interessadas o suficiente para vir aqui e questionar esses poderes.[34]

Black Elk nos apresenta outra história, dessa vez sobre agentes federais disfarçados tentando descobrir "conspirações indígenas" na cerimônia da tenda do suor sagrada:

> Depois que os agentes participaram da tenda do suor, Black Elk sabia que eles ainda não acreditavam nos poderes dos espíritos. Durante a tenda, os espíritos revelaram a Black Elk que os agentes carregavam armas. Ele lhes disse que sabia disso, mas que suas armas não teriam utilidade nenhuma lá naquele lugar sagrado. Ele se ofereceu para mostrar a eles o poder e lhes disse que os espíritos disseram que poderiam pegar suas armas e atirar nele. Os espíritos deteriam a bala.
>
> Como ainda restava a sombra de uma dúvida, aqueles caras também ficaram apavorados em fazer isso. Eles confiavam naquelas armas mais do que no espírito. Achavam

34. Black Elk, p. 84.

> que o espírito era um mentiroso. Talvez eles apenas achassem que eu fosse um mentiroso. Então, pedi para ver uma dessas armas. Esse cara me deu sua arma. Eu a apontei para o ar e puxei o gatilho. Ela só fez um "clique". Só isso. Aí eles arregalaram os olhos. Então, viram aquele poder, e souberam que era real. Mas o espírito nos disse na tenda que aqueles dois não iriam fazer o relatório para seus superiores a respeito dos nossos poderes.[35]

Cura

Há milhares de histórias de cura xamânica, simplesmente pelo fato de que a cura é a vocação principal dos xamãs em todas as culturas e por todo o mundo. Uma história pessoal e extremamente profunda da cura xamânica vem de uma experiência minha que inclui não apenas o xamã e a paciente, como também toda a comunidade, que ajudou a facilitar a cura permanente da paciente.

A família de uma garota Wirrarika de 16 anos a levou ao curador/xamã, pois ela estava perturbada física e mentalmente, e ninguém sabia por quê. O xamã levou a garota para sua pequena tenda que servia como seu templo do lado de sua casa. Ele descobriu que, alguns dias antes, a garota havia sido brutalmente estuprada enquanto ia sozinha a uma pequena cidade mestiça não muito distante de sua vila remota e que ela estava envergonhada demais para contar para alguém. Antes de voltar para casa naquele dia trágico, ela se lavou no rio e escondeu suas roupas ensanguentadas.

O xamã disse com toda a delicadeza para ela não ficar com vergonha e que isso não tinha sido culpa dela. Ele prometeu curá-la dessa experiência, mas disse que precisaria de ajuda. Explicou para a garota o que precisava ser feito, e ela aceitou seu tratamento.

Primeiro, o xamã pediu para a garota se deitar, e, enquanto usava seus cânticos mágicos, ele entrou em um profundo estado de transe. Então, começou a remover o trauma de sua mente e corpo colocando sua boca em sua cabeça, peito, estômago e área do útero, sugando a

35. *Ibid.*, p. 69.

energia negativa, inspirando profundamente em cada parte de seu corpo e depois expirando com força e, às vezes, até cuspindo em uma latinha. Ele realizou esse tratamento de sucção muitas vezes, até ficar satisfeito, vendo que tudo foi removido.

Depois de terminar os cânticos e a sucção, o xamã instruiu a garota a juntar suas roupas ensanguentadas e voltar a procurá-lo em seguida. Ela não deveria falar com ninguém. Então, ele instruiu a família a reunir todos os membros da vila para encontrá-lo no topo de um pequeno morro sob o pôr do sol.

No pôr do sol, com os moradores reunidos, o xamã explicou para todos o que tinha acontecido à jovem – que ele havia realizado uma cura nela, mas, para a cura ser permanente, deveria ser construído um pequeno santuário onde as roupas ensanguentadas da garota deveriam ser enterradas. A terra transformaria a energia danosa da experiência, recebendo o sangue da garota (por meio de sua roupa ensanguentada) e transformando-a em um solo fértil; ao mesmo tempo que o santuário seria gradativamente purificado por meio das forças do vento, da chuva e do Sol, decompondo-se e voltando a terra, a alma da garota também seria aos poucos purificada e curada. A experiência traumática seria absorvida pelas forças da terra.

Toda a comunidade reuniu madeira, rochas, bambu, flores, e todos os tipos de materiais naturais, e juntos construíram uma linda tenda em miniatura, com cerca de 90 centímetros de altura, onde enterraram as roupas ensanguentadas. Uma vez terminado, e depois de o xamã abençoar o santuário, a garota pareceu visivelmente voltar ao seu eu normal, como se nada tivesse acontecido a ela. Toda a comunidade a abraçou, e ela estava realmente sorrindo e gargalhando o tempo todo.

Alguns dias depois, um médico da cidade onde a garota fora estuprada apareceu na vila, depois de ter ouvido notícias do que tinha acontecido. Ele pediu para examinar a garota. Os moradores confiaram nesse homem, então a família e o xamã concordaram com o exame. O médico não encontrou absolutamente nada de errado com a menina e ficou completamente perplexo, porque a abertura do hímen dela tinha simplesmente o mesmo tamanho de seu dedinho – uma impossibilidade médica, dado o estupro brutal e sangrento sofrido pela garota.

Cerimônia de Cura Hopi

Há alguns anos, apaixonei-me perdidamente por uma mulher; foi amor à primeira vista, embora tenha durado cerca de um ano. Aprendi muito durante aquele ano. Ela não sabia ainda, mas, com meu treinamento xamânico, eu conseguia ver que um dia ela se tornaria uma curadora poderosa. Mas, no fim do nosso relacionamento, ficou claro para nós que seguíamos direções diferentes e nossas circunstâncias individuais eram incompatíveis naquela ocasião. Quando ela me deixou, fiquei tristíssimo, embora soubesse que era a coisa certa a fazer para nós dois.

Algumas semanas depois, fui convidado a visitar a reserva Hopi e me deparei com um remedieiro muito poderoso. Ele se ofereceu para fazer uma cerimônia de cura para mim, porque afirmou que eu tinha a energia de outra pessoa presa em mim, que sugava minha força vital. Eu não tinha dito nenhuma palavra a ele sobre a minha vida, nem nunca o tinha visto antes.

Na cerimônia de cura, ele tirou um conjunto de lindos cristais de uma bolsinha e segurou cada um deles em partes diferentes da minha coluna, enquanto olhava através deles e lia meu campo energético.

Quando terminou, descreveu-me quase exatamente o que tinha acontecido entre mim e minha ex-namorada – coisas que ninguém poderia saber, até eventos íntimos e os lugares onde aconteceram! Ele me contou que ela era uma médium muito poderosa, mesmo que ela mesma não soubesse disso e que, sabendo ou não, ainda estava psiquicamente conectada a mim e não desapegava.

Ele então me deitou no chão, cercou meu corpo com seus cristais, e me instruiu a enviar para ela amor, compaixão e sentimentos positivos – para colocá-la na minha cabeça com tanta clareza como se ela estivesse ali conosco. Fiz o que ele disse e acabei vendo-a sentada ao meu lado. Isso não foi um sonho, ela *estava* lá.

O xamã a viu e disse-lhe que sabia que ela ainda me amava, e eu a ela, mas ela precisava desapegar.

Alguns momentos depois, ela se levantou, sorriu para mim e saiu. Depois de deixar a reserva Hopi naquela noite, nunca mais me senti triste por causa dela de novo.[36]

---

36. Experiência pessoal do autor, 2007.

Adivinhação

A maioria das adivinhações formais começa com o xamã sentado na frente do cliente, ou paciente, e a pergunta que eles querem respondida é feita: De onde vem minha doença? Meu casamento vai dar certo? Nosso bebê será saudável? Sempre se oferece pagamento ao xamã, e aceita-se sempre parte dele ou ele todo, criando assim a reciprocidade necessária.

Em seguida, o xamã começará a evocar os espíritos. Em todas as culturas, isso acontece de diversas formas. Um exemplo vem dos Maias Quichés. O xamã anuncia:

> Agora estou pegando emprestado o sopro deste dia, hoje. Neste grande dia santo, segunda, 1 Came (conforme o calendário maia da criação), estou pegando esses feijões brancos e amarelos, e esses cristais brancos e amarelos (as ferramentas do adivinho).[37]

O xamã maia, ao "pegar emprestado" o sopro do dia, evoca os maiores poderes ao seu redor, especialmente o relâmpago dos quatro lagos sagrados dos maias que correspondem às quatro direções. O xamã continua:

> Estou pegando emprestado o relâmpago amarelo, o relâmpago branco, o movimento sobre o lago grande, o lago pequeno, no nascer do sol (leste), no pôr do sol (oeste), os quatro cantos do céu (sul), os quatro cantos da terra (norte).[38]

Uma vez, no Peru, tive o privilégio de passar vários dias com um curador/xamã Q'ero muito poderoso e reverenciado. Durante meu segundo dia com o ancião, que apesar de idoso era vibrante, ele me colocou sentado em uma cadeira na frente da qual estava sentado. Era um lindo dia ensolarado, e nós estávamos sentados ao ar livre sob a sombra de uma grande árvore.

Ele disse que precisava ouvir o relâmpago no meu sangue, para determinar se nós continuaríamos trabalhando juntos. Eu estava total-

37. Barbara Tedlock, *Time and the Highland Maya* (Albuquerque: University of New Mexico Press, 1982), p. 155.
38. *Ibid.*

mente disposto a aceitar seu pedido. Ele se inclinou na minha direção e começou a tomar meu pulso em várias partes do meu corpo; ele se concentrou mais nas minhas têmporas, nos meus bíceps, nos meus pulsos e nas minhas panturrilhas.

Depois de mais ou menos meia hora, começou a me contar coisas sobre minha vida que ele não poderia saber ou ter ouvido de alguém. Algumas das coisas que ele me contou sobre mim eu nunca tinha revelado a outra pessoa. Fiquei perplexo, para dizer o mínimo.

Então ele começou a adivinhar meu futuro, contando-me coisas que aconteceriam comigo. Muitas delas acabaram por ser verdade. Quando perguntei sobre como ele lê o relâmpago no sangue, o ancião me contou a seguinte história:

> Quando eu era jovem, enquanto cavalgava por um campo, um relâmpago caiu e matou meu cavalo. Eu também fui ferido pelo relâmpago. Fiquei doente por mais de um ano e tive de ser examinado por um curador todos os dias, para que minha alma não me deixasse. Quando finalmente melhorei, o curador me disse que eu deveria treinar para me tornar um *curandero* (xamã/curador), porque agora eu tinha o poder do relâmpago no meu sangue. Todos têm relâmpago no sangue, e é por isso que consigo saber do que as pessoas precisam para serem curadas quando as leio. Mas algumas pessoas têm mais relâmpago do que outras. Pessoas com apenas um pequeno relâmpago, às vezes, preciso lê-las tocando-as, e ler meu próprio pulso, porque o relâmpago delas é fraco demais para se ler. Foi fácil demais ler você, James, porque, embora não tenha sido atingido por um relâmpago, você o tem forte no seu sangue, por causa de seus pais e de todos os lugares poderosos na natureza por onde andou e pelas plantas que comeu. Você ainda não está pronto para aprender a ler o relâmpago de outras pessoas. Mas recebeu muitas tarefas importantes dos *apus* (espíritos das montanhas). O sangue nos músculos da sua panturrilha esquerda me revelou isso.[39]

39. Experiência pessoal do autor, 2001.

Habilidades Psíquicas

Adrian Boshier, um antropólogo amador, passou muitos anos vivendo nas selvas da África e se tornou um grande especialista na cosmologia das tribos africanas onde vivia. Depois, fez uma pesquisa antropológica sobre xamanismo junto a vários museus. Ele escreve sobre uma experiência na qual teve a oportunidade de testar as habilidades psíquicas de uma xamã africana na Suazilândia.

Boshier disse para a xamã ficar em seu escritório com um observador e, então, saiu e foi para um edifício vizinho, onde pegou a pele de um antílope e a escondeu no porta-malas de seu Land Rover. Ele então pediu para a xamã sair e lhe disse que havia escondido algo que ela deveria encontrar.

A xamã ajoelhou-se e começou a cantar baixinho:

> [...] então, em estado de transe, ela me informou que eu tinha escondido algo do outro lado daquele edifício... Ela me contou que tinha mais de uma cor, que vinha de um animal, que foi elevado do chão. De repente ela se levantou, percorreu o edifício, saiu na frente onde ficava o Land Rover e ajoelhou-se ao lado dele. De novo ela começou a cantar baixinho e, cinco minutos depois disso, tirou um de seus colares e, segurando-o na frente como uma varinha de adivinhação, circundou o Land Rover, subiu no porta-malas e retirou a pele.[40]

Eu estava no deserto do peiote sagrado dos Wirikuta, coletando o peiote sagrado com um grande grupo de Wirrarika. Naquela noite, ao redor da fogueira, eu soube que um dos jovens não tinha retornado. O xamã disse que sentia que o jovem estava bem, mas algo o impedia de saber onde ele estava.

Quando veio a manhã e ele não tinha retornado, a família do menino pediu ajuda ao xamã para encontrá-lo. Ele se sentou perto do fogo e abriu com cuidado o estojo que continha os itens sagrados. Puxou uma *muvieri* com penas (varinha do xamã), se sentou bem quieto e segurou

40. Adrian Boshier, "African Apprenticeship", *Parapsychology Review, #5,* 1975, p. 25-27.

a *muvieri* com as duas mãos na cintura, com a ponta da varinha direcionada ao Sol. Ele estava tão parado com seus olhos fechados, que, depois de uma meia hora, achei que talvez tivesse adormecido.

De repente, do nada, uma linda borboleta pousou na ponta da *muvieri*. Ficou lá por vários minutos e depois voou. O xamã então se levantou e anunciou em que parte exata do deserto o jovem estava, e que ele estava na companhia do Kahullumari (o espírito sagrado do veado azul) que o guiava para "encontrar sua vida". O xamã disse com certeza absoluta que o jovem voltaria para a família pela manhã, quando fosse se preparar para deixar o deserto e voltar para casa.

Na manhã seguinte, o jovem apareceu como disse o xamã e, quando questionado sobre onde estava, era mesmo no lugar exato que o xamã havia dito.[41]

James (não o autor) visitava o xamã Little Bear [Ursinho] tarde da noite. Era a estação de caça aos veados, e, de repente, Little Bear perguntou: "Você tem um rifle no carro?"

"Tenho", disse James.

"Tá carregado?"

"Tá."

"Vá pegar, e vá lá do lado da tenda do suor. Tem um veado lá. Mate ele."

"Como você sabe que tem um veado lá?", James perguntou, incrédulo.

"Deixe isso pra lá", respondeu Little Bear. "Apenas vá e atire."

Havia um macho de bom tamanho a 18 metros de distância. James mirou e atirou. O macho caiu... James se aproximou para olhar para ele e descobriu que a perna esquerda do animal era uma massa de infecção. Ele a cortou e jogou fora, limpando e cortando o resto. A carne foi para a geladeira de Little Bear.[42]

41. Experiência pessoal do autor, 2002.
42. Robert J. Conley, *Cherokee Medicine Man: the Life and Work of a Modern-Day Healer* (Norman: University of Oklahoma Press, 2005), p. 88.

Experiências Místicas

Joan Wilcox conta a história de como ela foi "salva" durante seus estudos em Xamanismo Andino pelo espírito (*apu*) da montanha que ela cruzava na Trilha Inca, em seu caminho para Machu Picchu. No primeiro dia da trilha, ela se apresentou ao *apu* e pediu por ajuda no desafio físico da longa caminhada que estava à frente dela. Depois, quando estava ficando para trás do grupo e cansada a ponto de não ser capaz de dar mais um passo,

> [...] uma aparição veio me ensinar como "caminhar nas rochas". Um presente do *apu*? Quem sabe? Eu só sei que, depois da minha "aula" com esse inca fantasmagórico, desci a parte mais íngreme da trilha sem hesitação nem medo, compensando horas e quilômetros, de tal forma que, em vez de ficar no fim da fila, como estive por três dias, acabei seguindo o primeiro grupo de trilheiros, os líderes, pelo Portão do Sol, até Machu Picchu.[43]

Outra experiência mística:

> Um *angakoq* (xamã esquimó) iniciou seus encantamentos em uma tenda, depois que apagaram os lampiões. De repente, ele pulou e saiu da tenda para onde havia um arpão. Ele se jogou no arpão, que penetrou seu peito e saiu nas costas. Três homens o acompanharam, e, segurando a linha do arpão, levaram o *angakoq*, sangrando muito, a todas as tendas da vila. Quando eles chegaram de novo à primeira tenda, ele puxou o arpão, deitou-se na cama e adormeceu com as músicas de outro *angakoq*. Quando acordou, depois de um tempo, mostrou às pessoas que não estava ferido, embora sua roupa estivesse rasgada e elas o tivessem visto sangrando.[44]

---

43. Wilcox, 13.

44. Franz Boas, "Os Esquimós Centrais", *Sixth Annual Report of the Bureau of American Ethnology, 1884-1885* (Washington, DC, 1964), p. 260.

E outra:

> O xamã foi à casa de um homem rico, e ele começou a enfeitiçar e encantar, mas não como deveria, rogando a Deus ou aos espíritos por um menino, mas criando ele mesmo um. Ele fez os ossos com pedra, a carne com argila e o sangue com a água do rio, então, tentou fazer a alma. Ele juntou 70 tipos de flores e preparou a alma do menininho com elas. Algum tempo se passou, e o homem rico teve um filho.[45]

Wolf Head, um famoso xamã Blackfoot, relata sua iniciação com um relâmpago. Ele e alguns companheiros cruzavam uma pradaria sem árvores, quando começou uma tempestade, e relâmpagos vermelhos e azuis caíam ao redor de todos eles. A próxima coisa que ele se lembra é de acordar horas depois, sangrando. O relâmpago o tinha atingido, e um de seus companheiros estava morto.

> Eu só me lembro de que, depois de virmos o relâmpago, adormeci e sonhei que estava em uma tenda indígena. Estava sentado com uma mulher, aquela que tinha tentado me matar. Ela disse que era a Mulher Trovão. Ela cantou músicas diferentes e as deu para mim como canções medicinais. Depois de um tempo, o filho da mulher, o Menino Trovão, entrou... e disse: "Sou aquele que atinge. Vou transformá-lo em um grande remedieiro. Eu o procurarei muitas vezes quando você estiver dormindo, e todas as vezes que eu o procurar lhe ensinarei algo novo".
>
> Ao longo dos anos, o Menino Trovão me procurou várias vezes enquanto eu dormia... Ele me ensinou tudo sobre a medicina indígena e, dessa forma, logo me tornei um remedieiro.[46]

---

45. Dioszegi, *Tracing Shamans*.
46. Long Lance Buffalo Child, *Long Lance: the Autobiography of a Blackfoot Indian Chief* (Jackson: University Press of Mississippi, 1928, 1995), p. 155.

O xamã ayahuasca preparou o chá mágico por dias, e me deu uma xícara cheia dele, que eu bebi na mesma hora. Era pôr do sol, e a selva parecia um mistério insondável de seres visíveis e invisíveis.

Como ele vira que eu tinha experimentado outros remédios poderosos da natureza, em vez de me manter perto dele durante a minha experiência, resolveu me mandar para a selva sozinho, enquanto o chá fazia sua mágica.

Eu concordei, com certo temor, em partir sozinho sem sua ajuda e experiência para me guiar na minha viagem. No princípio, quando comecei a andar, não sentia as sensações intensas que eu tinha ouvido falar que outros sentiram. As estrelas, os sons da selva, o toque de plantas e árvores nas quais eu esbarrava – tudo parecia mais vivo e, de alguma forma, mais real ou inteligente. E então tudo mudou de repente. De dentro de mim senti um enorme embrulho no estômago, e sabia que vomitaria. O céu, as árvores, a terra debaixo de mim e ao meu redor vibravam em ondas gigantescas, enquanto eu vomitava seguidas vezes.

Quando acabou a purgação, eu me vi deitado no chão e assisti a um *show* de luzes geométricas de olhos abertos ou fechados. Foi durante aquele momento que percebi que não tinha corpo. Tinha deixado o plano físico, e viajava apenas com a mente e o espírito. Então, vi meu corpo deitado no chão da floresta, e eu sabia que mais uma vez me aproximava do destino derradeiro para todos nós: a morte.

Enquanto eu observava meu corpo, vi um tipo de versão acelerada da decomposição dele. Então, os vermes, as trepadeiras e o solo levavam meu corpo de volta a terra. Vivenciei uma reunião espiritual com o corpo fértil da terra. Eu era tudo, e tudo era eu.

Tempos depois, talvez alguns minutos, talvez alguns dias ou vidas, tudo escureceu: eu não tinha informações nem sentimentos. Quando acordei, o sol tinha nascido, e voltei imediatamente para a tenda do xamã. Lá estava ele, sentado no terraço, como se me esperasse.

Ele pegou minha cabeça com as duas mãos e examinou meus olhos. “Você aprendeu a lição de que a morte não é o fim, mas simplesmente outro início”, ele disse com um largo sorriso.

“Porque aquilo que não o mata deixa você mais forte?”, perguntei.

“Não, meu filho; aquilo que o *mata* deixa você mais forte.”

Eu contemplava suas palavras, quando ele olhou para mim com um brilho peculiar em seus olhos e perguntou: "Quer outra xícara?"

Gargalhei de verdade até minha barriga doer, o que creio ter sido o resultado esperado pelo velho xamã.

"Não, obrigado – hoje não", respondi.

"Tá bom, então, vá agora e viva sua vida sabendo que pode não haver amanhã..."[47]

47. Experiência pessoal do autor no Equador, 1999.

Capítulo 10

Cura e Terapias Xamânicas

Ao longo das últimas duas ou três décadas, houve um interesse renovado nas amplas modalidades e práticas que descrevi neste livro, como estando sob a égide do xamanismo. Mas por que o interesse renovado? Alguns diriam que há um declínio na nossa fé na religião organizada, ou que as muitas crises enfrentadas pela humanidade nos orientam a olhar para trás na nossa história, e redescobrir um estilo de vida mais simples e holístico. Poderia haver muitas explicações além dessas, mas, sem dúvida, um motivo é a evolução da indústria de cuidados com a saúde.

> A prática médica ocidental tornou-se uma luta pela sobrevivência. Os médicos estão combatendo os altos custos de administração dos consultórios, enquanto os fantasmas do seguro contra imperícia, combinados com a diminuição de reembolsos, estão deixando médicos e seus pacientes desiludidos com um sistema quebrado. A medicina ocidental perdeu suas raízes e, fazendo isso, tornou-se privada dos processos naturais sobre os quais foi fundada. O tratamento do paciente e da comunidade foi substituído por relatórios empresariais e a medicina baseada em evidências. Na verdade, muitas sociedades médicas ocidentais foram tão longe, a ponto de afirmar que não há lugar para a religião ou a espiritualidade na Medicina. O conceito de que a prática médica se tornou ciência pura removeu

completamente as experiências espirituais ou transpessoais da habilidade do curador.[48]

Tanto pacientes como médicos estão infelizes com o atual estado dos nossos sistemas de atendimento à saúde e buscam alternativas. Existe agora um crescimento nas práticas preventivas, na Medicina Integrativa e em abordagens mais holísticas para a cura, entre elas as práticas xamânicas.

Como vimos ao longo deste livro, o xamã é um curador curado, e é essa perspectiva que agora está sendo reconhecida, tanto pela comunidade médica quanto pelo público. As práticas de cura xamânicas nos abrem para a nossa própria cura interna, reconhecendo nossa interconexão com toda a vida, e, nesse sentido, elas também ajudam a curar nossa comunidade e nosso planeta.

As técnicas de cura xamânica cobrem toda uma gama do que pode ser chamado (por falta de um termo melhor) paranormal, o que se refere a fenômenos e experiências para os quais não há explicação científica racional. Além das terapias convencionais, tais como o uso de plantas medicinais, os xamãs costumam empregar telepatia mental, clarividência, clariaudiência, psicometria e experiências extracorpóreas em suas práticas de cura.

Para entender melhor como a cura xamânica de fato funciona, vamos analisar primeiramente algumas considerações subjacentes que formam a base para as práticas de cura xamânicas:

- Antes de qualquer coisa, e acima de tudo, em muitos casos, os xamãs não fazem a cura, na verdade. À exceção de uma intrusão (espiritual ou de outra forma), que um xamã poderia remover tal qual um cirurgião remove uma bala de uma pessoa que foi baleada, os xamãs simplesmente ajudam a realinhar e reforçar a habilidade inerente de seus pacientes para a autocura. O milagroso corpo humano, composto pelos sistemas circulatório, muscular, nervoso e linfático, é um modelo de perfeição. Apenas com o abuso ou uma lesão ele é facilmente danificado. Os xamãs apenas suplementam o processo de autocura dos pacientes. A plena

48. Shawn Tassone, *Exploring the Allopathic Paradigm Through Shamanic Practices.* Disponível em: <http://integrativewomenshealth.blogspot.com/2008/05/medical-materialism.html>.

capacidade para autocura do corpo é demonstrada com casos de pessoas que entram em remissão espontânea de doenças fatais, e em casos nos quais os xamãs e outros curadores místicos não fazem nada além de enganar os pacientes para eles acharem que estão sendo curados, o que leva à autocura da pessoa. Mais sobre esse tópico será visto em breve.

- Milhões de células morrem a cada segundo no corpo humano, enquanto uma mesma quantidade é substituída. O xamã pode favorecer a autocura do corpo do paciente, ajudando-o a garantir que as células substitutas estejam saudáveis ou até carreguem energia promovedora de saúde (cura).
- O corpo humano contém algo entre 10 e 100 trilhões de células, muitas das quais têm a capacidade de transferir informações. Na cura xamânica, o xamã acessa esse vasto sistema de comunicação para enviar informações de cura vitais e a energia para ajudar a facilitar a cura.
- Nascemos totalmente submersos em água, nosso corpo é composto de aproximadamente dois terços de água, e nosso cérebro é 80% de água por peso. A água é extremamente suscetível à matéria orgânica e à energia, e é um solvente para tudo que encontra. Quando um xamã usa suas mãos, lábios, língua, ou qualquer outra parte do corpo para tocar o paciente, a energia de cura da água do corpo do xamã pode se comunicar com o "corpo aquático" do paciente e reestruturá-lo.
- A energia, principalmente os campos eletromagnéticos, serve para garantir que as células recém-formadas no nosso corpo sejam as mesmas daquelas substituídas. Anormalidades ou distorções para os campos energéticos no corpo perpetuarão células "doentes". O xamã realinha e/ou cuida desses campos para que novas células saudáveis sejam criadas quando as doentes forem repostas.
- Como observado anteriormente, o corpo tem a capacidade para autocura. Mas, para a cura ocorrer em todos os níveis do organismo humano, o paciente deve *querer* ser curado. Os pensamentos, as intenções, o estado mental e o desejo do paciente são tão

importantes para a cura quanto o conhecimento e a habilidade do xamã.

Chegamos aqui ao ponto de discutir os sistemas, energético e material, que compõem o organismo humano. A melhor forma que conheço de tentar explicar esses níveis em termos xamânicos seria classificá-los em sete níveis (também denominados "corpos"), que interagem (ou interpenetram-se) um com o outro ao mesmo tempo, mas, por propósitos educacionais, podem ser desmembrados da seguinte forma:

(1). *Corpo físico*: os sistemas físicos que mantêm nosso corpo vivo.

(2). *Corpo bioplasmático*: nosso corpo energético físico que ainda não é mensurável, mas pode ser definido em termos de chacras e meridianos da acupuntura.

(3). *Corpo astral*: nosso corpo não físico que contém os próximos quatro níveis.

Nossos três níveis de "mente":

(4). *Mente instintiva* (subconsciente);

(5). *Mente intelectual* (consciente);

(6). *Mente espiritual* (superconsciente);

E, por fim:

(7). *Alma ou corpo espiritual:* continua de alguma forma conosco mesmo depois da morte física.

A cura xamânica que não envolve o sétimo nível pode definitivamente ser considerada uma cura física, no sentido de que os três níveis da mente são os "programadores" dos corpos físico e bioplasmático, nos quais reside a doença física. A purificação das forças psíquicas pelo xamã em torno da doença facilita a cura. A linha divisória fica entre o corpo bioplasmático e os outros níveis não físicos. Nesses níveis, devemos considerar ainda o organismo humano total:

- Nosso organismo humano físico é uma combinação dos sistemas estrutural, interno e bioplasmático.

- Nosso cérebro age como um computador que controla as funções de nossos dois corpos corpóreos (físico e bioplasmático).
- Nossa mente e seus vários níveis de consciência, embora não sejam mensuráveis fisicamente, estão contidos no nosso corpo astral, ou etéreo, e esse corpo pode viajar durante o sono, em estados de transe e durante experiências extracorpóreas.
- Nosso corpo astral é interpenetrado por nosso espírito, ou alma, e esse corpo é o que sobrevive à decomposição depois da morte do corpo físico. Isso explica a possessão espiritual, os guias espirituais, fantasmas, etc.

No corpo astral não físico (incluindo os três níveis da mente), interpenetrado pelo corpo espiritual, é onde geralmente acontece a cura xamânica em todos os níveis. Um xamã que trabalha nesse nível tem o controle para trabalhar com o paciente a partir do nível espiritual até o nível celular, visto que todos os nossos sistemas estão conectados.

Níveis de Cura

Embora para facilitar a compreensão possamos descrever os sistemas do organismo humano em termos de sete níveis ou cinco corpos, é aparente que, mesmo residindo em diferentes locais dentro do nosso organismo total, todos esses corpos são, na realidade, apenas um corpo que funciona de forma magnífica, se não milagrosa. De fato, como vimos por todo este livro, nós – e tudo ao nosso redor – somos um. Esta é a base do xamanismo e da cura xamânica. Assim como os elétrons, que reagem quando são observados, como foi demonstrado pela física, isso também acontece com a cura xamânica. O xamã (isto é, o observador) e o observado tornam-se um. O xamã modifica os padrões do paciente, assim como o cientista altera o movimento dos elétrons, simplesmente porque todos os níveis de corporalidade e mente não passam de ondas no mesmo lago de consciência que compõe nossa realidade.

Para esclarecermos as implicações disso, vamos dividir o processo de cura em três categorias:

Cura Mente-Corpo

O tipo mais simples e comum de cura não médica entre xamãs e pacientes, ou até entre pessoas comuns, é a cura mente-corpo. Quando uma criança pequena cai e rala o joelho e é imediatamente levantada e consolada pela mãe, esta está realizando na criança uma espécie de "imposição das mãos", cuja energia é sentida na mesma hora. Ao mesmo tempo, a mãe consola a criança com sua mente, confortando-a, dizendo que tudo ficará bem. Em algum momento, por causa dos esforços da mãe em combinação com a habilidade inerente da criança para a autocura, a criança se acalmará, e o machucado perderá importância e acabará melhorando.

O mesmo pode ser dito sobre simplesmente dar um abraço sincero ou oferecer conforto a alguém durante momentos de conflito ou sofrimento. Na cura xamânica, essa é a forma mais básica e essencial de cura. É apenas um organismo humano agindo para ajudar alguém em necessidade; isso nada tem a ver com tratamentos médicos ou laboratoriais. Nesse nível, o organismo do xamã, do curador, da mãe, do pai, do amigo – seja de quem for – age de maneira curativa nos níveis físicos e mentais, para ajudar a outra pessoa. Para os curadores xamânicos, esse nível quase nunca é empregado sem os dois níveis seguintes, pois o xamã tem como objetivo as formas mais profundas de cura, e raramente é chamado para um simples joelho ralado.

Cura Bioplasmática

Estou escolhendo o termo *bioplasmático* para este nível de cura por acreditar que ele descreve melhor o que costuma ser chamado de corpo etéreo, ou corpo duplo, em muitas tradições que usam os meridianos de energia e chacras em suas técnicas de cura. A palavra *bioplasmático* vem de *bio*, que significa vida, e *plasma,* que é o quarto estado da matéria, sendo que os três primeiros são sólido, líquido e gasoso. Isso não é o mesmo que plasma sanguíneo. Bioplasmático refere-se à energia composta de matéria sutil invisível (para a maioria) ou matéria etérea.

A energia bioplasmática não opera da mesma forma que os impulsos mais ou menos elétricos do corpo físico e, simplesmente por esse motivo, as técnicas de cura são bem diferentes. Por falta de uma melhor forma de descrevê-la, a energia bioplasmática parece ser não física, no sentido de que distribui e comunica energia de alguma forma entre os principais órgãos e sistemas do corpo, de tal modo que a ciência ainda não consegue mensurar. No entanto, xamãs e curadores habilidosos de várias culturas antigas exibiram os resultados concretos da cura quando o curador consegue acessar o campo bioplasmático do paciente. Os sete chacras, ou vórtices corporais de energia etérea, empregados nas modalidades de cura das culturas Hindu, Budista, Bon, entre muitas outras, bem como as linhas, ou meridianos de energia, usados pelos acupunturistas e desenvolvidos na China antiga, demonstram claramente a existência do campo ou corpo bioplasmático.

Muitos xamãs indígenas, que foram meus professores e com quem trabalhei, diriam que o corpo bioplasmático (embora eles tenham muitos nomes diferentes para ele) é o que conecta misteriosamente nosso organismo físico à energia do sol, da terra, do ar, do vento e do fogo; é o que nos conecta de um modo muito mais do que físico a tudo ao nosso redor, incluindo o cosmos.

Um dos exemplos mais belos e profundos disso que já vi aconteceu uma vez, quando eu visitava um centro cerimonial bem nos confins de Sierra Wirrarika. Amanhecia no meu primeiro dia lá, e eu tinha acabado de acordar com os sons de alguém construindo uma fogueira na frente da *rirriki* (a casa sagrada onde as oferendas eram guardadas), que ficava perto da pequena tenda onde passei a noite. Enquanto me sentava perto do fogo, lembrei do sonho que tive à noite; no sonho, mais uma vez estava um velho xamã que encontrei brevemente alguns anos antes, mas que deixou a cerimônia antes de eu ter a chance de descobrir seu nome. Nos últimos anos, ele apareceu regularmente nos meus sonhos de diversas formas, e sempre esperei encontrá-lo fisicamente de novo um dia.

Enquanto eu estava sentado observando o fogo e lembrando do meu sonho, alguns dos meus amigos da vila vieram e se sentaram ao meu lado e, durante a conversa, perguntei para eles quem era o atual xamã que presidia o centro cerimonial (esse cargo muda a cada cinco anos). Eles me disseram seu nome, mas ele não estava na vila naquele dia. Sentindo-me um pouco desapontado com o desencontro com o xamã presidente, fiquei imediatamente animado de novo quando algumas crianças pequenas se uniram a nós ao lado do fogo, mas, alguns minutos depois, todas elas se levantaram e correram para um pequeno monte a cerca de 35 metros de distância, onde um homem estava de pé, segurando várias coisas nas mãos, incluindo suas varinhas de xamã com penas (*muvieris*). Eu não conseguia ver seu rosto, pois só aparecia sua silhueta sob o brilho do Sol prestes a nascer atrás dele, e perguntei aos meus amigos quem ele era. Disseram-me que ele era um *kawitero* e xamã poderoso, que presidia na época outro centro cerimonial vizinho, mas que vivia naquela vila na maior parte do tempo. Quando as crianças se aproximaram do xamã, ele já estava entoando cânticos aos espíritos e brandindo suas *muvieris* emplumadas em círculos pelo ar. Nos minutos seguintes, tive o privilégio de testemunhar o que realmente está no âmago do xamanismo.

Assim que ele pegou a primeira criança do chão e a segurou em seus braços, o primeiro raio de luz do sol trespassou o topo do monte, e o xamã colocou a criança direto nesse raio. Então, segurando-a em um braço, ele lhe deu uma pequena cabaça de água de uma fonte sagrada para segurar e, por cinco vezes, colocou suas *muvieris* emplumadas dentro da água, infundiu-as com a luz do sol, girou-as pelo ar, enquanto entoava cânticos, e tocou várias partes do corpo da criança com as penas molhadas. Então ele fez a mesma coisa com a cabeça de uma linda flor e, enquanto entoava cânticos, sugou ou assoprou em várias partes do corpo da criança.

A delicadeza do xamã ancião, abençoando e curando a menininha com a luz do sol, a água, o ar, as flores, o sopro e o poderoso cântico na luz da alvorada naquele pequeno monte especial, tocou-me de um modo tão profundo que me levou às lágrimas. Foi como algo saído de um conto de fadas. Quando ele terminou com a primeira criança, a segunda veio e pulou em seus braços como se ele tivesse o presente mais especial que a criança já viu! Aquele menininho simplesmente mal podia esperar o velho xamã lhe dar sua magia, e isso também me tocou profundamente, enquanto eu refletia sobre como as crianças da minha sociedade são praticamente forçadas a deixar seus *videogames* e televisores para trás para participar de bênçãos espirituais e comunhões.

Enquanto eu continuava a observar a cena no monte, aos poucos comecei a perceber totalmente o que acontecia e, quando o xamã estava com a quarta criança, pude ver de fato a energia luminosa que ele desenhava com suas *muvieris* com o sol, a água, o ar e a flor, incutindo-a na criança, nas partes diferentes de seu corpo que pareciam ter perdido um pouco de seu brilho.

Descobri depois que essas quatro crianças da vila recebiam tratamento do xamã para várias doenças e ele realizava esse tipo de tratamento de acompanhamento nelas de madrugada, com regularidade. Quando o xamã terminou seu trabalho, não consegui resistir e fui falar com ele, então caminhei até o monte. Quando me aproximei do xamã e ele se virou para mim, congelei. Era o velho xamã dos meus sonhos! Fiquei tão feliz, que quase o abracei, mas, como ele não pareceu me reconhecer, contive-me e simplesmente lhe perguntei se eu poderia me encontrar com ele depois naquele dia, com o que concordou. Desde esse dia especial, ele tem sido um dos meus principais mentores e professores, não apenas de xamanismo, mas também da vida. Acontece que ele se lembrava de mim e não ficou nada surpreso que eu tivesse aparecido "por acaso" na sua vila. Nesse dia, sabendo que eu tinha "visto" seu trabalho com as *muvieris* e que não foi por acaso que eu estava lá com ele, o xamã me ajudou a fazer minha primeira *muvieri*, que depois, na minha viagem, foi abençoada e consagrada em uma antiga e muito poderosa cerimônia Wirrarika, na qual os xamãs cantam entoam cânticos por horas com as penas da *muvieri* para invocar os espíritos e impregnar suas penas com sua energia.

O tipo de atividade que o velho xamã realizou nas crianças é um excelente exemplo da cura xamânica em ação. Reunindo as essências e energias tangíveis do mundo natural, ele incutiu nas crianças, de formas específicas e em doses concentradas, o que faltava em seu organismo humano total, pois esse xamã poderia ver que o exterior e o interior são um só. Era como se ele estivesse dando a cada uma delas uma dose de energético feito da energia do sol, da água, da terra e do ar, enquanto, ao mesmo tempo, misturava sua energia com a delas, usando seu conhecimento xamânico adquirido por toda uma vida de serviço, tanto à sua comunidade humana quanto às essências espirituais da natureza e do cosmos, que suprem seu povo com o dom da vida. Até mesmo depois de muitos anos de participações em cerimônias e rituais xamânicos rigorosos, às vezes extremamente complexos, com xamãs indígenas, essa prática de cura simples realizada pelo velho *kawitero* continua a ser uma grande fonte de inspiração para mim.[49]

Cura Espiritual da Alma

Nós consideramos os aspectos xamânicos dos espíritos de formas diversas por todo este livro. O futuro da cura xamânica nos planos espirituais será muito testado nas próximas décadas, pois a ciência continua a examinar as façanhas "paranormais" dos curadores indígenas e dos médicos modernos. Em termos de espíritos, deve-se notar que basicamente todas as culturas xamânicas em todo o mundo compartilham de uma visão semelhante de espíritos e cura. Essa certeza não vem por acaso, e qualquer bom cientista se perguntaria sobre essa realidade e como ela seria.

A ciência também ainda não foi capaz de explicar adequadamente as muitas centenas de curadores paranormais que operam, principalmente, no Brasil e nas Filipinas. Denominada muitas vezes de "cirurgia psíquica" e claramente contestada pela medicina convencional, essa forma de cura não médica, apesar de tudo, fornece várias pistas sobre a cura espiritual. Embora haja muitos casos nos quais esses cirurgiões psíquicos sejam meras fraudes e charlatanismo, ainda é difícil explicar totalmente esses exemplos documentados quando eles têm sucesso.

O cirurgião psíquico brasileiro José Arigó é um exemplo perfeito. Arigó, que executou a maioria de suas "cirurgias" e curas com um canivete não esterilizado, realizava seu trabalho à luz do dia e convidava qualquer um que estivesse interessado a assistir. Ele foi filmado e examinado tanto por médicos quanto por religiosos. A filha do presidente brasileiro Kubitschek, seu piloto e o chefe da guarda de segurança procuraram Arigó e, segundo as notícias, voltaram curados. A evidência em defesa de Arigó – milhares de testemunhos, fotografias e filmagens – é impressionante, e é difícil de acreditar que ele conseguisse enganar

49. Versão resumida de *Ecoshamanism,* capítulo 6.

tanta gente, especialmente aquelas que ele curou de doenças graves, como o câncer. Em mais de 20 anos de cura de pessoas, ele nunca recebeu nenhum centavo por seu trabalho e, embora muitos o considerassem uma fraude, isso nunca foi comprovado; pelo contrário, ele operava na frente de profissionais médicos que queriam provar que Arigó era uma fraude, mas nunca conseguiram.

Não importa como Arigó realizava de fato seu trabalho, ele certamente tinha a habilidade de alterar a percepção de seus pacientes e daqueles ao seu redor. Isso também é o que vi e senti com curadores xamânicos indígenas. Arigó, bem como os curadores xamânicos, acredita que está em contato com o mundo espiritual, e é de lá que eles recebem seu poder para curar. Nesse contexto, os curadores mais eficazes e habilidosos são muitas vezes aqueles que estão em contato com curadores e médicos no mundo espiritual. Isso é o que xamãs indígenas me contaram pessoalmente. Para isso acontecer, devemos fazer as seguintes suposições:

(A). Nós temos um espírito que reside temporariamente no nosso corpo físico.

(B). Na morte física, nosso espírito continua a viver e leva parte ou todas as nossas memórias.

(C). Os curadores xamânicos podem entrar em contato com o espírito de um paciente e com espíritos desencarnados.

Na minha experiência com curadores xamânicos, embora eu não consiga explicar de forma empírica o que acontece, fica claro para mim que há muitos níveis nos quais nossas mentes e espíritos funcionam em conjunto com o nosso campo bioplasmático e com tudo o que nos cerca, tanto no plano visível como no do invisível.

Conhecimento dos Antigos para a Nova Era dos Curadores Xamânicos

Vivenciei o equivalente a mais de 20 anos de pesquisa pessoal e prática em técnicas xamânicas. Aqui, ofereço o seguinte resumo referente à cura xamânica:

(1). Tudo que nós conhecemos, não conhecemos e podemos nunca conhecer está conectado em uma realidade multidimensional.

(2). O organismo humano é multifacetado e composto de vários processos físicos, bioplasmáticos, mentais, astrais e espirituais interpenetrados, que também podem ser descritos como sistemas ou corpos.

(3). A saúde física do organismo humano está diretamente relacionada à saúde do campo bioplasmático invisível ou etéreo. Esse campo nos conecta com tudo ao nosso redor, que nos supre com a vida e pode ser cuidado, manipulado e até ferido por curadores xamânicos competentes.

(4). Todas as facetas da consciência do ser humano (não física) – subconsciente, consciente e superconsciente, incluindo o espírito ou a alma de uma pessoa – podem sobreviver após a morte do corpo físico.

(5). A consciência universal, como é organizada na mente e no organismo humanos, pode viajar rumo à matéria, ao longo do tempo, e mergulhar em qualquer sistema organizado ou insalubre (humano ou não) para facilitar a cura.

(6). Esse mesmo nível de consciência tem a capacidade de ser implantado e/ou registrado na matéria física.

(7). A consciência, como a conhecemos, é eterna. O que consideramos consciência e memórias está presente para sempre na realidade multidimensional.

(8). Os espíritos, ou almas, dos indivíduos se unem a uma alma universal após a morte do corpo físico. No caso de um xamã iniciado e treinado, ele consegue passar para esse plano durante estados de transe intencionais, quando ele morre e renasce no mesmo período de vida.

(9). Os espíritos podem renascer em um novo receptáculo humano (corpo físico), no qual eles podem ou não reter as memórias da vida encarnada anterior ou as memórias de outras vidas passadas.

(10). Alguns espíritos que encarnam neste mundo, enquanto ainda residem também no mundo espiritual, podem ter eras de idade, enquanto outros podem ser recém-nascidos.

(11). Os espíritos têm vários níveis de desenvolvimento em relação a conhecimento, saúde, sabedoria e estados do ser. O desenvolvimento do nosso ser espiritual pode ser o objetivo final da nossa existência.

(12). As pessoas com espíritos encarnados que tenham um nível elevado de domínio sobre seu organismo humano total podem servir como curadores xamânicos para outros indivíduos. Esse domínio inclui paz interior, sabedoria, felicidade, esperança e confiança, vindos da passagem pelas iniciações xamânicas no mundo espiritual.

As terapias e as práticas de cura xamânica têm um potencial ilimitado quando nós nos abrimos às visões alternativas de cura que consideram todo o organismo humano, e como ele se relaciona com forças visíveis e invisíveis. Com a expansão da nossa consciência em relação à magia pura, o mistério e a complexidade de um ser humano, as técnicas xamânicas podem ser integradas nas práticas e nas terapias de cura modernas. Isso, para mim, é um dos resultados mais empolgantes do aumento do interesse no xamanismo e nas possibilidades ilimitadas que isso cria.

Capítulo 11

O Futuro do Xamanismo

Globalização é um termo que descreve o processo de expansão da população humana no nosso planeta e o crescimento da civilização, que acelerou dramaticamente nos últimos 50 anos. Com entidades como a Organização Mundial do Comércio e o Banco Mundial, a comunicação instantânea de informações pelo mundo, por meio de satélites e internet, a homogeneização da linguagem (o inglês agora é a linguagem técnica dominante em todo o mundo) e a difusão cultural, à medida que as pessoas renunciam às suas tradições locais para competir em um mercado global, entre inúmeras outras considerações, o mundo está ficando muito pequeno e rápido demais. Embora existam tanto apoiadores quanto críticos da globalização, não pode haver dúvida de que esse processo está afetando todos os níveis da indústria, da economia, da política, da informação, da língua, da cultura, da ecologia, da tecnologia e da ética.

Neste momento, não pode haver dúvida de que aquilo que chamamos de xamanismo passa por uma metamorfose global. Por um lado, vemos o declínio constante das tribos xamânicas tradicionais, à medida que elas são assimiladas pela cultura moderna e as pessoas jovens perdem o interesse em manter as antigas tradições xamânicas vivas. Por outro, há muitas tribos em todo o mundo que foram previamente assimiladas por completo ou em parte, mas que estão reivindicando e reconstruindo suas tradições xamânicas. Nessa mistura, temos uma nova onda de povos industriais modernos interessados em aprender sobre o xamanismo e sentindo o chamado para aprenderem a se tornar xamãs.

A situação é bem complexa. No entanto, uma faceta importante de tudo isso atinge imediatamente o topo, que é o tópico da ética. Historicamente, um xamã era parte integrante de uma comunidade tribal bem unida. Seu conhecimento e experiência foram formados e centrados na cultura. Treinado na cosmologia da tribo e sob intenso escrutínio por seus sucessos e fracassos em sua função, o xamã estava sob o olho atento da comunidade, assim como de qualquer pessoa.

Contudo, em muitos lugares do mundo, onde vemos um reflorescimento, ou até um novo início das práticas xamânicas, como os xamãs *new age* da sociedade ocidental, nós temos agora terapeutas xamânicos com pouco ou nenhum histórico cultural no xamanismo. A maioria desses terapeutas é autodesignada com treinamento de segunda ou terceira mãos, feito em cursos ou seminários, ou talvez eles apenas tenham aprendido seu "ofício" com a leitura de alguns livros!

> Esse afastamento do sistema de controle propiciado por uma comunidade defensora e, ao mesmo tempo, crítica coloca esses novos xamãs na situação eticamente questionável de realizar certas práticas xamânicas tradicionais, tais como tentar curar doenças do corpo, da mente ou do espírito, fora dos laços que informaram e uniram o xamã mais antigo a uma comunidade cultural. Eles estão, na verdade, fora de qualquer tradição existente há muito tempo. Esse mesmo afastamento é a causa de muitos problemas que os novos xamãs enfrentam. Isso é verdade especialmente nas questões de ética, que dependem de um contexto cultural para sua resolução.[50]

A comercialização do "treinamento xamânico" e viajar para locais exóticos para aprender com "xamãs legítimos" tornaram-se grandes questões e, em muitos casos, essas duas circunstâncias acabam fazendo mais mal do que bem, e podem ser perigosíssimas. Vamos dar uma rápida olhada nestas considerações.

50. Eleanor Ott, "Shamans and Ethics in a Global Word", *in: Shamans Through Time: 500 Years on the Path to Knowledge,* ed. Jeremy Narby e Francis Huxley (New York: Tarcher/Penguin, 2001).

Ensino e Venda de Práticas Xamânicas que não São Xamânicas

Isso é o menos prejudicial, em termos de lesão física ou psíquica a um indivíduo ou grupo, mas tem um impacto significativo na visão geral do xamanismo, e corrompe um público alheio e suscetível que tem a boa intenção de aprender. Eu fui a tantas cerimônias "xamânicas" lideradas por xamãs autonomeados com pouco treinamento, que se distanciaram muito das práticas xamânicas legítimas, que certamente baseio meus comentários aqui na experiência pessoal.

O problema aqui é que, apesar de todas as boas intenções que uma pessoa possa ter, se não houver um grupo com seus pares, então qualquer um pode criar alguns cartões de contato e panfletos, dar a si mesmos um nome legal que inclui algum tipo de animal e colocar "xamã" na frente do seu nome. Se forem bons vendedores, eles acessarão o mercado de pessoas honestas que querem aprender e, provavelmente, terão sucesso – mas isso não faz deles xamãs, como espero já ter explicado neste livro.

O mais comum nesse gênero de neoxamãs é a tal experiência da jornada xamânica, que é de divulgação e venda fáceis. Em geral, ela começa com o neoxamã colocando todos sentados em círculo, pedindo para os participantes fecharem os olhos, então o "xamã" começará seus toques ritmados de tambor (ou até tocar uma gravação!) e, em seguida, pedirá para o grupo imaginar certas coisas, como um lugar calmo na natureza ou estar em um campo aberto sob a luz do sol ou em uma grande caverna. Então, depois de um pouco dessa "jornada", virá uma pergunta, algo como: "Tem algo na caverna com você. O que é? Oh! É um animal. Esse animal sente-se muito conectado a você e você a ele. Que animal é? É seu animal de poder! Seu guia espiritual do mundo superior!" E assim por diante...

Gente, isso não é xamanismo, mas a chamada imaginação guiada. Essa é uma técnica muito útil, quando usada por um terapeuta habilidoso, durante tratamentos psiquiátricos ou psicológicos. O motivo pelo qual seu formato ou forma não se pareça em nada com o xamanismo é que ela exige que você vá para dentro da sua mente e imagine coisas, ou tire coisas do seu subconsciente, enquanto o xamã deixa sua mente para expandir sua percepção – completamente o contrário. Uma pessoa em uma sessão de imaginação guiada pode "ver" um animal que nunca conheceu. Livros, televisão, filmes – todos colocam imagens nas nossas cabeças. O animal de poder de um xamã, como já discuti, vem de um conhecimento íntimo da manifestação física do animal e dos seus arredores, o que então leva ao relacionamento com o animal ou a espécie, o que, por sua vez, leva a um relacionamento com o espírito daquele animal. Não tem nada a ver com imaginação.

Abertura Descuidada ao Mundo Espiritual

Para aqueles com a intenção, a vontade e as habilidades para mergulhar no mundo espiritual e invocar espíritos para influenciar os acontecimentos neste plano da existência, deve-se prestar atenção adequadamente ao lado sombrio do mundo espiritual, que pode fazer mais mal do que bem. Houve xamãs, ao longo do tempo, mais propriamente denominados de feiticeiros, que estavam mais interessados em ganho pessoal do que em servir à sua comunidade, os quais ficaram conhecidos por ferir e até matar por meio de sua manipulação maliciosa do mundo espiritual. E, quem sabe se um xamã inexperiente, especialmente sem o suporte e a orientação de um xamã experiente, não poderia, de modo acidental, por uma perda momentânea de atenção, deixar um espírito maligno cruzar para este plano? E, então, o que ele faria se não tivesse a habilidade de mandá-lo de volta?

Sem um grupo de pares "profissional" para supervisionar o novo xamã, o que acontecia nas antigas comunidades xamânicas (e ainda acontece em certas tribos por todo o mundo), assume-se um grande risco quando o mundo espiritual é aberto. Abri-lo não garante um resultado benevolente. Acrescente a isso o fato de um neoxamã moderno, sem o suporte de uma comunidade xamânica e de seus pares, deixar sem querer que o subconsciente pessoal ou medos, intenções ou desejos secretos entrem em jogo durante o trabalho com o mundo espiritual. Isso poderia causar muitas circunstâncias terríveis e perigosas, tanto para o xamã quanto para seus clientes.

Jornadas Xamânicas para Locais Exóticos

Eu adoro explorar este planeta magnífico onde somos tão afortunados de viver. Tenho viajado a minha vida toda e espero continuar a fazer isso por muitos anos, e recomendo a qualquer um, com o tempo e os recursos, para expandir sua mente e seu espírito, sentindo e vivenciando a energia de culturas e lugares novos.

No entanto, com o aumento do interesse no xamanismo, desenvolveu-se uma nova onda que combina viagens exóticas com o trabalho com xamãs indígenas que tem consequências potencialmente perigosas, a qual certamente deveria ser mencionada aqui em um guia de xamanismo para iniciantes.

Em primeiro lugar, enquanto a globalização de culturas e o empreendimento humano continuam a degradar o planeta, existem alguns xamãs indígenas autênticos ao redor do mundo – alguns dos quais conheci e com quem trabalhei –, que entendem a necessidade de compartilhar seu conhecimento fora de seus limites culturais e estão dispostos a trabalhar com intrusos, ou até viajar para países estrangeiros, a fim de ajudar a completar uma chamada da Mãe Terra para expandir a consciência rumo ao holismo.

Mas esses xamãs são exceção à regra. Os principais xamãs que compõem a população dos xamãs indígenas autênticos do planeta estão envolvidos em preservar sua parte da árvore mundial – primeiro, pela saúde de sua comunidade, que inclui a saúde da biosfera e, segundo, para manter vivos as tradições, os valores e o estilo de vida da sua tribo. Investigadores americanos e europeus de experiências xamânicas fazem tanto sentido para eles quanto um huichol que sacrificasse um touro em uma igreja na Páscoa faria a um católico praticante! Em outras palavras, esses xamãs não têm o hábito, nem o desejo, de fazer parte do comércio turístico. Na verdade, muitas áreas das tribos xamânicas, que no passado poderiam ser visitadas, com o devido respeito e alguns presentes escolhidos para os anciãos tribais, agora são guardadas com cuidado, sendo estritamente proibidas para intrusos, o que é mesmo uma pena.

Essa é uma circunstância criada em parte por pessoas com boas intenções (como eu); por pessoas com intenções exploratórias (como certos autores – quando comecei a visitar comunidades xamânicas, eu não era um autor, sequer pensava em escrever um livro), fotógrafos, antropólogos, etc.; e, principalmente, pelo fluxo recente de grupos mais ou menos baseados em turismo que buscam experiências exóticas com xamãs indígenas. Este último grupo não só é o mais perigoso à preservação das culturas xamânicas, como também aos próprios membros dos grupos.

Infelizmente, neste exato momento, existe um elemento exploratório de excursão xamânica sendo vendido ao público, especialmente a destinos na América do Sul, onde a viagem inclui uma cerimônia com chá de ayahuasca com um xamã "autêntico". Essas viagens são vendidas a pessoas honestas que querem a cura de algo, um avanço em seu desenvolvimento espiritual ou até se tornarem xamãs. Devemos considerar duas coisas principais nesta situação.

Primeiramente, o chá de ayahuasca é extremamente psicoativo e pode criar um dano psicológico permanente a uma pessoa que tenha uma *"bad trip"*; pode ser bem prejudicial quando um xamã autêntico não está presente para entrar na realidade das pessoas naquele momento, e parar as visões e as experiências que elas estão tendo.

Em segundo lugar, muitos dos homens que dizem ser xamãs ayahuasca nesses países sul-americanos (as mulheres são quase inexistentes como xamãs ayahuasca) e vendem seus serviços, principalmente para visitantes americanos e europeus, são mestiços que moram na cidade e não nos lugares exóticos onde eles levam as pessoas. Eles não receberam treinamento formal nem têm o histórico cultural do xamã autêntico. Essas duas circunstâncias levam a situações muito precárias e até perigosas.

Responsabilidades Éticas para Praticantes Xamânicos

Por essas e muitas outras razões, todos nós que estamos interessados e trabalhamos no campo do xamanismo precisamos considerar os fatores éticos envolvidos em curar os outros, conduzir cerimônias, ingerir plantas medicinais e preservar locais sagrados e culturas antigas.

Aqui estão algumas das considerações que creio serem as mais importantes:

Serviço: a única razão para ser um xamã é servir a indivíduos, grupos, comunidades, à humanidade em geral, ao planeta e a todas as suas espécies. Se você não recebeu o chamado para fazer isso incondicionalmente, então deve escolher um caminho diferente. O serviço requer uma atenção completa à saúde e à segurança dos clientes, e respeito por seus valores, espaço e crenças pessoais. Os clientes devem ser alertados sobre o tratamento que você facilitará para que eles possam entrar nele completamente por vontade própria, sabendo de quaisquer riscos (se houver) e os potenciais benefícios do seu serviço. Um contrato de confidencialidade deve ser firmado entre o xamã e o(s) cliente(s).

Integridade: um xamã está em uma posição de poder quando um cliente se aproxima dele. O cliente pode estar em um estado muito vulnerável ou sugestivo. A esse respeito, o xamã deve sempre estar ciente de como suas ações afetarão o cliente, e agir com o máximo de integridade e com o bem-estar do cliente em questão, independentemente dos sentimentos pessoais do xamã de uma forma ou de outra.

Experiência: um xamã tem a responsabilidade ética de apoiar os outros com práticas que ele domina totalmente e foi treinado a realizar.

Revisão dos pares: um xamã será considerado responsável pela comunidade que serve, sendo aberto e até buscando opinião e conselhos de outros xamãs, para um crescimento contínuo, e para garantir padrões éticos elevados na comunidade xamânica.

Troca sensata de energia: ao longo do tempo, os xamãs receberão algum tipo de compensação por seu trabalho. Seja ético no que você pede e disponibilize uma acomodação para aqueles que possam ter poucos meios na ocasião em que buscarem por ajuda.

Não pode haver dúvidas de que a globalização (ou modernização) em todo o mundo ainda afeta a forma pela qual o xamanismo é percebido, tanto em culturas indígenas quanto na sociedade moderna, mas essa pode ser uma situação positiva. Muitas pessoas bem treinadas e habilidosas passam agora a respeitar e se interessar pelos estilos e pelas práticas dos xamãs. Médicos convencionais estão reconhecendo as terapias de cura holísticas xamânicas; psicólogos passam a respeitar os aspectos transformativos das iniciações xamânicas; os antropólogos vivem com tribos nativas, aprendem seus idiomas e ajudam a preservar tradições antiquíssimas; professores estão aprendendo e compartilhando a visão de mundo holística das culturas xamânicas; físicos estão reconhecendo as semelhanças entre a cosmovisão xamânica e a ciência moderna; e, por último, mas não menos importante, são os biólogos e os botânicos que agora trabalham lado a lado com os xamãs indígenas no estudo do valor das espécies vegetais nativas, o que ajuda a preservar as terras onde as tribos indígenas ainda vivem hoje.

Considerando o presente e o futuro estado do mundo, à medida que a indústria avança e a população humana continua a subir, a visão de mundo antiga do xamã poderia nos ajudar nos muitos desafios que encaramos agora. Tenho a esperança sincera de que a informação contida neste livro será útil para as pessoas que questionam o que é xamanismo e, o que é mais importante, como ele pode ser aplicado de uma forma útil, para se levar uma vida saudável e gratificante.

Apêndice A

Tribos Xamânicas ao Redor do Mundo

É impossível elencar todas as tribos e os subgrupos de tribos que, em sua história, praticaram algum tipo de xamanismo. Esta lista é feita com o propósito de informar, e ela é precisa da melhor forma possível. No entanto, a ortografia dos nomes tribais às vezes se perde na tradução, e não quis ofender as tribos que usam uma ortografia diferente.

Ainu – Norte do Japão (Hokkaido, sul de Sakhalin e Ilhas Kurile)
Aivilik – Canadá
Algonquianos – Regiões dos Grandes Lagos
Apaches – Arizona, Grandes Planícies
Arunta – Austrália
Ava Nemirara – Paraguai
Badyaranke – Senegal
Banto – África Central e África do Sul (nome coletivo para muitos povos em um grupo linguístico)
Barkinui – Austrália
Batak – Indonésia
Bella Coola – Costa noroeste da Colúmbia Britânica
Bhujel – Nepal
Birartchen – Nordeste da Sibéria (grupo ao norte dos Tungus)
Bivar Tungus – Sibéria
Blackfoot – Missouri, Montana
Bunan – Taiwan
Buryat – Sibéria, regiões próximas ao Lago Baikal
Caribe – Suriname

Carrier – Colúmbia Britânica
Chant – Oeste da Sibéria
Chemehueve – Sul da Califórnia
Chukchee – Sibéria, Península Chukchee
Chumash – Califórnia
Comanche – Texas
Crow – Montana
Cuna – Panamá
Dajak – Bornéu
Dakota – Dakotas do Norte e do Sul, Montana
Desana – Bacia Amazônica
Dieri – Austrália
Dolgan – Sibéria
Dunne-za – Califórnia
Esquimós Agiarmiut – Alberta e Saskatchewann
Esquimós Copper – Territórios Noroestes
Esquimós Iglulik – Territórios Noroeste, Ilha Baffin
Esquimós Netsilik – Costa Ártica do Canadá
Evenki – Nordeste da Sibéria
Ewe – Gana
Flathead (indígenas cabeças-chatas) – Montana
Gitksan – Costa Noroeste do Canadá
Gros Ventre – Montana
Guajiro – Colômbia
Haida – Colúmbia Britânica
Hainom – África
Halakwulup – Terra do Fogo
Havasupai – Arizona
Hidatsa – Noroeste de Montana, Dakota do Norte
Hopi – Arizona
Huichol – Sierra Madre Ocidental, México
Hurons – Regiões dos Lagos Huron e Ontário
Kakadu – Austrália
Kamayurá – Brasil
Kashia Pomo – Norte da Califórnia
Kikuyu – Quênia
Kulin – Austrália
!Kung – Deserto Kalahari
Kuni – Sudão

Kurnai – Austrália
Kwakiutl – Canadá
Lakh – Sudeste Ásiático
Lakota – Dakotas do Norte e do Sul
Lapps – Escandinávia
Luiseno – Sul da Califórnia
Magar – Nepal
Malagasy – Madagascar
Maliseet – Nordeste dos Estados Unidos
Manchurianos – Sibéria
Mandan – Dakota do Norte
Maori – Nova Zelândia
Masai – Quênia
Menomini – Norte do Lago Michigan
Mentawai – Sumatra
Micmac – região da Nova Escócia
Mohave – Arizona, Utah
Montagnais – região do Rio St. Lawrence
Mossi – Sudão
Nasleg – Sibéria
Navajo – Arizona
Nez Perce – Idaho
Nung – Sul da China
Oglala – Dakotas do Norte e do Sul
Ojibwa – região dos Grandes Lagos
Ostyak – Sibéria
Papago – Arizona
Parang Negritos – Sudeste Asiático
Passamaquoddy – Nordeste dos Estados Unidos
Paviotso – Nevada
Penobscot – Maine
Piegan (subgrupo dos Blackfoot) – Montana
Pigmeus – área de floresta tropical da África Central
Pima – Sudoeste do Arizona
Ponca – Montana
Pukapuka – Polinésia
Rai – Austrália
Sagay – Sibéria
Salish – Canadá

Saora – Índia
Selk'nam – Terra do Fogo
Semang – Malásia
Seminole – Flórida
Seneca – Nordeste dos Estados Unidos
Shortzy – Ásia Central
Shuswap – Colúmbia Britânica
Sioux – região das Dakotas
Sotho – África do Sul
Soyot – Sibéria
Takali – Nepal
Tenino – Oregon
Theddora – Austrália
Thompson – Colúmbia Britânica
Tlingit – Canadá
Tobelorese – Indonésia
Tsimshan – Canadá
Tukano – Bacia amazônica
Tungus – Nordeste da Sibéria
Unambal – Austrália
Ungarinyin – Austrália
Vogul – Sibéria
Wahaerama-Tanabaru – Indonésia
Walapai – Arizona
Washo – Califórnia
Winnebago – regiões do Lago Michigan
Wintu – Califórnia
Wiradjeri – Austrália
Worora – Austrália
Wurajeri – Austrália
Yamana – Terra do Fogo
Yavapai – Arizona
Yebamasa – regiões amazônicas
Yokut – Califórnia
Yualayi – Austrália
Yukagir – Sibéria
Yuki – Califórnia
Yuma – Arizona, Califórnia
Zulu – África do Sul
Zuni – Arizona

Bibliografia

ABRAM, David. *The Spell of the Sensuous*. New York: Vintage Books, 1996.

ADLER, Margot. *Drawing Down the Moon.* New York: Penguin Books, 1986.

ALTMAN, Nathaniel. *Sacred Trees*. New York: Sterling Publishing Co., 2000.

ANDREWS, Ted. *Animal Speak*. St. Paul: Llewellyn, 1993.

BERRY, Thomas. *The Dream of the Earth.* San Francisco: Sierra Club Books, 1988.

BLACK ELK, Wallace; LYON, William S. *Black Elk:* Sacred Ways of the Lakota. New York: Harper Collins, 1991.

BLGODGETT, Jean (ed.). *The Coming and Going of the Shaman:* Eskimo Shamanism and Art. Winnipeg: Winnipeg Art Gallery, 1978.

CAMBELL, Joseph. *The Masks of God:* Primitive Mythology. New York: Viking/Compass, 1969.

CLINEBELL, Howard. *Ecotherapy:* Healing Ourselves, Healing the Earth. Minneapolis: Fortress Press, 1996.

DELORIA, Vine. *God Is Red:* a Native View of Religion. Golden, CO: Fulcrum Publishing, 1994.

DIAMOND, Irene; ORENSTEIN, Gloria Feman (eds.). *Reweaving the World:* the Emergence of Ecofeminism. San Francisco: Sierra Club Books, 1990.

DIOSZEGI, Vilmos (ed.). *Popular Beliefs and Folklore Tradition in Siberia.* English translation by Stephen P. Dunn. Bloomington: Indiana University, 1968.

—. *Tracing Shamans in Siberia:* the Story of an Ethnographical Research Expedition. Anita Rajkay Bubo, trans. Oosterhout (Netherlands): Anthropological Publications, 1968.

ELIADE, Mircea. *Shamanism:* Archaic Techniques of Ecstasy. Princeton: Princeton University Press, 1964.

ENDREDY, James. *Beyond 2012:* a Shaman's Call to Personal Change and the Transformation of Global Consciousness. Woodbury: Llewellyn, 2008.

—. *Earthwalks for Body and Spirit.* Rochester: Bear & Co., 2002.

—. *Ecoshamanism:* Sacred Practices of Unity, Power, and Earth Healing. Woodbury: Llewellyn, 2005.

FLAHERTY, Gloria. *Shamanism and the Eighteenth Century.* Princeton: Princeton University Press, 1992.

FOSTER, Steven. *The Book of the Vision Quest.* New York: Fireside, 1992.

FRANK, S. L. *The Unknowable:* an Ontological Introduction to the Philosophy of Religion. Boris Jakim, trans. Athens: Ohio University Press, 1983.

FRIEDEL, David; SCHELE, Linda; PARKER, Joy. *Maya Cosmos:* Three Thousand Years on the Shaman's Path. New York: William Morrow and Company, 1993.

FURST, Peter (ed.). *Flesh of the Gods:* the Ritual Use of Hallucinogens. New York: Praeger Publishers, 1974.

GERBER, Richard. *Vibrational Medicine.* Rochester, VT: Bear & Co., 2001.

GRIM, John (ed.). *Indigenous Traditions and Ecology* Cambridge: Harvard University Press, 2001.

GROF, Stanislav. *The Adventure of Self-Discovery.* New York: Suny Press, 1988.

HALIFAX, Joan. *Shaman:* the Wounded Healer. New York: Crossroad Publishing, 1982.

——. *Shamanic Voices:* a Survey of Visionary Narratives. New York: E. P. Dutton, 1979.
HARNER, Michael. *The Way of the Shaman.* New York: Bantam, 1982.
HIGHWATER, Jamake. *The Primal Mind.* New York: Harper & Row, 1981.
HOWITT, Alfred W. *The Native Tribes of South-East Australia.* London: Macmillan, 1904.
HUTTON, Ronald. *Shamans:* Siberian Spirituality and the Western Imagination. London: Hambledon and London, 2001.
JAMAL, Michele (ed.). *Shapeshifters:* Shaman Women in Contemporary Society. New York: Arkana, 1987.
JAMES, William. *Varieties of Religious Experience.* New York: Simon & Schuster, 1997.
JUNG, Carl (ed.). *Man and His Symbols.* New York: Dell Publishing, 1964.
——. *Memories, Dreams, Reflections.* New York: Vintage Books, 1963.
KALWEIT, Holger. *Dreamtime & Inner Space:* the World of the Shaman. Boston: Shambhala, 1984.
KANNER, Allen D.; ROSZAK, Theodore; GOMES, Mary E. (eds.). *Ecopsychology:* Restoring the Earth, Healing the Mind. San Francisco: Sierra Club Books, 1995.
KELLERTt, Stephen; WILSON, Edward (eds.). *The Biophilia Hypothesis.* Washington, D.C.: Island Press, 1993.
LACHAPELLE, Dolores. *Sacred Land, Sacred Sex.* Durango, CO: Kivaki Press, 1988.
MACY, Joanna; BROWN, Molly Young. *Coming Back to Life.* Gabriola Island, BC: New Society Publishers, 1998.
MADRONA, Lewis Mehl. *Narrative Medicine:* the Use of History and Story in the Healing Process. Rochester, VT: Bear & Company, 2007.
MANDER, Jerry. *In the Absence of the Sacred:* the Failure of Technology & the Survival of the Indian Nations. San Francisco: Sierra Club Books, 1991.
MATTHEWS, Washington. *The Night Chant:* a Navaho Ceremony (Memoirs of the American Museum of Natural History). Nova York, 1902.

MAYBURY-LEWIS, David. *Millennium:* Tribal Wisdom and the Modern World. Nova York: Viking, 1992.

METZNER, Ralph. *Green Psychology.* Rochester, NY: Park Street Press, 1999.

—. *The Unfolding Self.* Novato, CA: Origin Press, 1986.

MYERHOFF, Barbara G. *Peyote Hunt.* Ithaca: Cornell University Press, 1974.

NEIHARDT, John G. *Black Elk Speaks.* Annotated edition. New York: State University of New York Press, 2008.

NIBENEGENESABE, Jacob. "The Wishing Bone Circle". *In:* ROTHENBERG, Jerome (ed.). *Technicians of the Sacred:* a Range of Poetries from Africa, America, Asia, Europe, and Oceania. California: University ofCalifornia Press, 1985.

NICHOLSON, Shirley (ed.). *Shamanism:* an Expanded View of Reality. Wheaton, Ill.: The Theosophical Publishing House, 1987.

NORMAN, Howard. *The Wishing Bone Cycle:* Narrative Poems from the Swampy Cree Indians. Santa Barbara: Ross-Erikson Publishing, 1982.

PARK, Willard Z. *Shamanism in Western North America.* New York: Cooper Square, 1975.

PINKSON, Tom Soloway. *The Flowers of Wirikuta.* Rochester, VT: Destiny Books, 1997.

RASMUSSEN, Knud. *The People of the Polar North:* a Record. Ed.: G. Herring. Philadelphia: Lippincott, 1908.

—. *Intellectual Culture of the Hudson Bay Eskimos*. W. E. Calvert, trans. Copenhagen: Gyldendal, 1930.

—. *Intellectual Culture of the Iglulik Eskimos*: Report of the Fifth Thule Expediton, 1921-1924, volume 7, part 1.William Worster, trans. Copenhagen: Gyldendal, 1930.

—. *Intellectual Culture of the Copper Eskimos:* Report of the Fifth Thule Expedition. Copenhagen: Gyldendal, 1932.

RIPINSKY-NAXON, Michael. *The Nature of Shamanism*. Albany: Suny Press, 1993.

ROSZAK, Theodore. *The Voice of the Earth:* an Exploration of Ecopsychology. New York: Touchstone, 1992.

SANDSROM, Alan R. *Corn Is Our Blood:* Culture and Ethnic Identity in a Contempary Aztec Village. Norman: University of Oklahoma Press, 1991.

STIRLING, Ian; GURAVICH, Dan. *Polar Bears.* Ann Arbor: University of Michigan Press, 1998.

STRASSMAN, Rick. *DMT:* the Spirit Molecule. Rochester: Park Street Press, 2001.

TOWNSLEY, Graham. "Twisted Language: a Technique for Knowing". *In:* NARBY, Jeremy; HUXLEY, Francis (ed.). *Shamans Through Time:* 500 Years on the Path to Knowledge. New York: Tarcher/Penguin, 2001.

VILLOLDO, Alberto; KRIPPNER, Stanley. *Healing States:* a Journey into the World of Spiritual Healing and Shamanism. Nova York: Simon and Schuster, 1987.

VITEBSKY, Piers. *Shamanism.* Norman: University of Oklahoma Press, 1995.

WALSH, Roger. *The World of Shamanism:* New Views of an Ancient Tradition. Woodbury: Llewellyn, 2007.

WILCOX, Joan Parisi. *Keepers of the Ancient Knowledge.* London: Vega, 2001.

WOOD, Nicholas. *Voices from the Earth:* Practical Shamanism. New York: Sterling Publishing, 2000.

Índice Remissivo

A

B

C

D

E

I

J

K

L

M

N

O

P

R

S

T

U

V

W

X

Y

Z